JN074624

Asahi **KASEI**

旭化成株式会社
デジタル共創本部【編】

人・データ・組織風土で奏でる🎵

旭化成の **デジタル共創戦略**

中央経済社

本書の刊行に寄せて：
３つのＸと2050年の世界

2050年に向けて世界で大きな変革（Transformation）が起こることが予想されている。具体的にはDX（Digital Transformation）とGX（Green Transformation）の２つについてはすでに汎用的な言葉になりつつあるが，ここにきて３つ目のＸが登場してきた。MX（Mobility Transformation）である。

この３つのＸは全く独立した別物なのか，それとも相互に連動したものなのか。私には明らかにこの３つのＸが連動しながら最終的に１つになって2050年の新しい世界を創出していくように思える。人類がこれまで経験してきた産業革命を総括するとそういう結論に至る。

蒸気機関の発明による「機械化」により人力（ヒト）を解放した第一次産業革命，大量生産・大量消費というモノに大きな変革をもたらした第二次産業革命，これにより生活が豊かになったのは事実である。半面，地球環境問題という負の遺産を負ったのも事実である。

次にきたのが第三次産業革命，俗にいうIT革命であり，情報技術という分野での変革により世界が一変した。情報技術は十分進歩したはずなのに，なぜ今DXが騒がれるのだろうか。現在DXに携わっておられる方は「Digital Data」は思うように動いてくれるのに「ヒト・モノ」は思うように動いてくれないという大きなFrustrationを持っておられるのではないか。このFrustrationを解消したいというのがMXだと思う。

今，このMXの分野で先陣を切っているのは意外にもAmazonであるという調査レポートを最近見た。確かに商品紹介，購入，決済処理，発送手続まではリアルタイムで進むのに，その先はアナログ的な宅配便，これではFrustrationが溜まるはず。DXとMXのリンクによりDigital Data・人・モノが一体化した新しい世界をAmazonは考えているのであろう。

ではGXとの関係はどうであろうか。実はGXとMXは密接に関係している。蒸気機関の発明以降ヒト・モノの移動が容易になった反面，負の遺産も負ったことは前述した。従来のヒト・モノの移動（モノにはエネルギーの蓄積，移動

も含む）を根本的に見直し，無駄のない，効率的，合理的な社会システムの創出がMXである。これは明らかにGXが目指す世界との共通項である。

このようにDX，GX，MXは一見，別物に見えるが実は相互に連動しながら新しい世界を生み出していく，これが2050年の世界ではないか。また，この2050年に向けた一連のTransformationが俗にいう「第四次産業革命」ではないであろうか。最後に未来予測でよく出てくる最近の言葉を挙げておきたい。AI，IoT，Big Data，5G，CASE（Connected Autonomous Sheared Electric），MaaS（Mobilty as a Service），Circular Economy.

これらの言葉はいずれもDX，GX，MXに共通するものであることをご理解いただけるであろう。

旭化成株式会社　名誉フェロー

吉野　彰

はじめに

多くのメーカーと同様に，旭化成はこれまで，工場の自動化・業務システムのIT活用や研究開発における先進的なコンピューター技術の活用を推進してきました。

しかし，旭化成の事業は非常に多岐にわたっており，同業他社との競争力という点ではそれぞれ事業で高いレベルを保っているものの，事業によって人的規模，投資体力は大きく異なります。業界の中でも先駆的なことをしている事業・業務もあれば，社員の匠の技と手作業管理の事業・業務もあります。そのような中，2010年前後から，AI/IoT/Big Dataといった言葉に注目が集まり，当時の生産技術本部，研究・開発本部，IT統括部が緩やかな協業関係を構築——今風にいえば「DXの推進プラットフォーム」をつくり，化学系多角化企業ならではの取組みを始めました。

おりしも，中期経営計画のキーワードが「新しい社会価値の創造」（トランスフォーメーション），事業・人材の「Connect」といった旭化成内外の従来の枠組みを超えた共創による成長を志向し始めた時期でもありました。

その後，2018年に経済産業省が「DXレポート」を発表し，社会でも社内でもDX推進の機運が高まり，2021年に「社内外の共創」「事業を超えた共創」「IT基盤とデジタル技術を融合させた共創」との思いを込めて，【デジタル共創本部】を発足させました。上記の緩やかな協業関係，推進体制から，今日では旭化成グループ全体のDXの牽引組織へと進化し，「デジタルの力で境界を越えてつながり，"すこやかなくらし"と"笑顔のあふれる地球の未来"を共に創る」というビジョンを実現するための挑戦を進めているところです。

2022年の春先に，旭化成のデジタル共創本部内の会議で，「旭化成のデジタル活用の挑戦と現在地について世の中の人に知ってもらう機会を増やせないか」との話になり，一案として出てきたのが本の出版でした。とはいえ，出版といっても何をすればよいかわからず逡巡していたところ，たまたま「企業会計」という月刊誌で，デジタル人材の育成に関する特集号が組まれ，そこに当

時のIT統括部長が寄稿するという機会を得ました。本書は，そのご縁で，同誌の出版元である中央経済社実務書編集部の土生健人氏からのご提案により，出版に至ったものです。

　本書の内容は，社内関係者で執筆しており，学術的なものでも企業研究的なものでもありません。旭化成の社員が現在進行形で取り組むデジタル化のリアルな姿を，ありのままに紹介しています。また，第1章から読み通す必要もありません。読者の皆さんの関心にあわせて必要な章だけを読んでも，内容がわかるように工夫しています。そのため，各章で紹介するエピソードに多少の重複はありますが，ご容赦ください。

著者一同

目　次

本書の刊行に寄せて：3つのXと2050年の世界　3
〈旭化成株式会社　名誉フェロー　吉野　彰〉

はじめに　5

第 1 章　旭化成の多角化の歴史

1. 旭化成の創業と経営ビジョン　15
2. 戦後から日本の高度成長期まで：多角化の助走　17
3. 構造調整期からバブル期：多角化と高度化　19
4. バブル崩壊から今日まで：Connectさらに共創へ　20
   (1) 旭化成の構造改革　20
   (2) 新規事業・事業拡大　21
   (3) 旭化成のM&A　22
5. これから：デジタルの力　26

第 2 章　旭化成のDXビジョン

1. DXビジョン作成の経緯　30
2. DXビジョン検討合宿　30
   (1) 合宿の目的　30
   (2) 未来洞察アプローチで議論　31
   (3) 「発散と収束」で原案を絞り込み　33
3. DXビジョンの完成　34
4. DXビジョンコンセプトムービーの作成　35

第3章　旭化成のDX戦略

1. デジタル導入期　40
   (1) MIの取組みの歴史　40
   (2) 生産系の取組み　43
   (3) 営業・マーケティングでのDX取組み　45
   (4) IPランドスケープへの取組み　47
2. デジタル展開期　49
   (1) 2019年のデジタル活用の課題　49
3. デジタル創造期　デジタルノーマルに向けての移行期間　53
   (1) 中期経営計画「Be a Trailblazer」の概要　53
   (2) 「GDP」と無形資産の活用　55
   (3) 「デジタル創造期」におけるDXの取組み詳細　59
4. デジタルノーマル期　63

第4章　旭化成DXの歴史

1. IT領域の歴史　66
   (1) 旭化成の情報システム部門の黎明期からIT革命前夜まで　66
   (2) IT革命と情報システム子会社の分離　68
   (3) 基幹システム更新と経営体制変革　69
   (4) グローバル化対応とセキュリティ　72
   (5) DXブームの中で　73
2. 生産領域の歴史　76
   (1) DXブーム以前の取組み　76
   (2) 「次世代ものづくり技術開発部」の立ち上げ（2016年7月）　77

(3) 「IoT推進部」の設立（2017年7月）　79

(4) 製造IoTプラットフォーム（IPF）　81

(5) データ分析人材育成プログラム（2019年6月〜）　84

(6) デジタルイノベーションセンター発足（2018年10月）　85

(7) 生産系スマート化の4ステップ（2018年〜）　87

(8) スマートファクトリー成熟度診断（2021年度）　89

(9) 今後の取組み　90

3 研究開発領域の歴史　92

(1) 科学技術計算の取組み　92

(2) 実験におけるデータ解析の取組み　93

(3) 研究開発におけるMIの本格始動　95

(4) R&D DXとインフォマティクスの拡大強化へ　97

(5) R&D DXに向けて：デジタルプラットフォーム（DPF）　99

(6) R&D DXに向けて：人材育成　101

(7) R&D DXに向けて：スマートラボ　102

(8) インフォマティクスの拡大・強化　103

(9) もう1つの研究開発領域，情報サイエンス部門　104

4 営業・マーケティングの歴史　107

(1) マテリアル領域：エンジニアリングプラスチック　107

(2) マテリアル領域：電子部品　110

(3) 住宅領域：建築材料　112

(4) ヘルスケア領域：医療用医薬品　115

第5章　旭化成DXの組織形成

1 デジタル共創本部発足までの経緯　120

(1) 日本IBMからCTOを招聘　120

(2) デジタル共創本部創設前のDX組織の状況　121

(3) デジタル組織とITを含めた全社組織を創設した理由と最終

　　　　　決定前後の経緯　122
　　② デジタル共創本部の組織，事業とのDX連携体制　124
　　　(1) デジタル共創本部の創設　124
　　　(2) デジタル共創本部のミッションと各組織の役割　125
　　　(3) その後の組織改正　127
　　　(4) リレーションシップ・マネージャー（RM）制度の目的・
　　　　　具体的内容　130
　　③ DX人材確保の経緯　（キャリア採用の拡大）　132
　　　(1) 組織体制強化に伴う人材確保の必要性　132
　　　(2) DX人材キャリア採用の実績（苦労・成果）　136

第6章　旭化成のDX教育・人材育成

　　① DX人材育成の課題　140
　　② DXの人材育成　141
　　　(1) DXを成功に導くファクター　141
　　　(2) 人材の定義と育成の概要　142
　　　(3) 旭化成DXオープンバッジ　144
　　　(4) デジタルプロフェッショナル人材の育成　147
　　③ 社外，地域との連携　153

第7章　旭化成のDX拠点　－CoCo-CAFE－

　　① DX拠点の構想　156
　　② オフィス移転プロジェクトの発足と立地選定　157
　　③ 新オフィスのコンセプト「CoCo-CAFE」ができるまで　158
　　④ CoCo-CAFEの特徴　160
　　⑤ CoCo-CAFEの姉妹拠点　162

第8章　旭化成のDX事例

❶DX／業務改革の基盤を創る
　1　製造IoTプラットフォーム（IPF）　166
　2　スマートファクトリー成熟度診断　168
　3　ものづくりDB　170
　4　NICE（ヘーベルハウス®）　172
　5　データマネジメント基盤（DEEP）　174
　6　データ分析人材（パワーユーザー）育成　176
　7　DX銘柄　178
❷業務を革新・合理化する
　8　開口パネル組立工程のDX　180
　9　ボルト締結自動判定システムの開発　182
　10　設備データ共有化に基づく保温材下腐食（CUI）の発生予測モデルの開発　184
❸イノベーションを起こす（新事業の開発）
　11　V-MO®（Vessel Vibration Visualization Monitor）による故障予兆　186
　12　電子コンパス（e-Compass）　188
　13　においのデジタル化で嗅覚を可視化する嗅覚センサー　190
　14　スマートラボによる材料開発　192
　15　MIによる革新的な合成ゴム新規グレード開発　194
　16　知財情報を活用した，旭化成のコア技術とエマージング技術のマッチング　196
　17　高感度ホール素子内蔵電流センサーの新規顧客開拓（IPランドスケープ）　198
　18　IPLによる中国自動車メーカーと旭化成の技術的接点の可視化　200

❹イノベーションを起こす（顧客価値の追求）
　⑲　樹脂材料事業を推進するベトナムCAE計算センター　202
　⑳　水素プラントへのデジタルツイン導入　204
　㉑　偽造防止ソリューション「Akliteia®」　206
　㉒　ローカル5G　208
　㉓　顧客情報一元化システムLL-Navi　210
　㉔　人と人とのちょうど良いつながりをつくる
　　　GOKINJO®　212
❺サステナビリティ課題を解決する
　㉕　合成ゴム・エラストマー事業部CFP算定システム　214
　㉖　豊かな水辺の生物　ホタルを呼び戻す活動　216
　㉗　BLUE Plasticsプロジェクト　218
　㉘　青果物の鮮度推定・予測システムの開発　220

結びに代えて　223

第 1 章

旭化成の多角化の歴史

　旭化成という会社をご存じない方には，私たちがなぜこんな取組みをしているのか，わかりづらいと思いますので，まずは旭化成の概要を**図表1－1**，**図表1－2**，**図表1－3**に示したうえで，簡単な歴史を紹介することから始めたいと思います。

図表1－1　旭化成の概要

社名	代表取締役社長*
旭化成株式会社	工藤幸四郎

本社	資本金*
東京都千代田区	1,034億円

創業	従業員数（連結）*
1922年	48,897人

2022年度業績（連結）

売上高　　27,265億円
営業利益　　1,284億円

*2023年3月末時点

東京本社（日比谷）

図表1－2　旭化成の事業展開

　旭化成グループは，事業持株会社である旭化成と，7つの事業会社を中核に，「マテリアル」「住宅」「ヘルスケア」の3領域で事業を展開している総合化学メーカーです。

図表1－3　くらしの中の旭化成

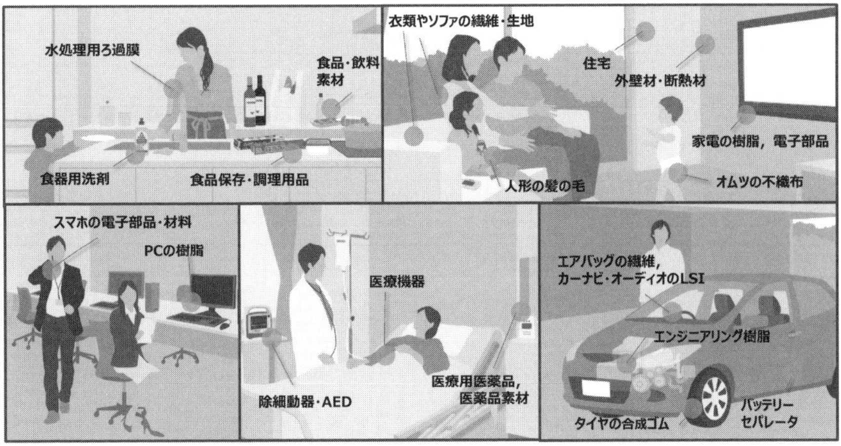

水処理用ろ過膜

食品・飲料素材

衣類やソファの繊維・生地

住宅

外壁材・断熱材

家電の樹脂，電子部品

食器用洗剤

食品保存・調理用品

人形の髪の毛

オムツの不織布

スマホの電子部品・材料

PCの樹脂

医療機器

エアバッグの繊維，カーナビ・オーディオのLSI

エンジニアリング樹脂

除細動器・AED

医療用医薬品，医薬品素材

タイヤの合成ゴム

バッテリーセパレータ

旭化成グループの技術・製品は，くらしに身近な消費財から，生活をより快適にする素材・製品や，いのちを支えるヘルスケア製品まで，様々なシーンで活躍しています。

1　旭化成の創業と経営ビジョン

　旭化成の創業は1922年に遡ります。当時の日本は，第一次世界大戦後の世界恐慌から復興しつつある状況でしたが，経済はまだ脆弱で，ようやく新興財閥が勃興する兆しを見せ始めていた時期です。そのような混迷の中，大正から昭和にかけて，日本の産業革命時に活躍したある1人の電気化学技術者，起業家がいます。その名を，野口 遵といいます。

　その年，野口は，自らが設計し建設中の五ヶ瀬川の水力発電所下流にある，当時は漁村であった，現宮崎県延岡市を訪れました。そこで，市内を一望できる愛宕山に案内された際に，現在の旭化成薬品工場のあたりをステッキで示してぐるりと輪を描き，「この土地を工場のために譲ってほしい」と地元村長や村会議員に伝えたといわれています。

　また，同年には滋賀県膳所市にレーヨン（人造絹糸）の工場，旭絹織を設立し，また，翌1923年にはドイツからの導入技術により日本窒素延岡工場で窒素

肥料の原料となるアンモニアの合成に成功しました。こうしたことから，1922年を旭化成の創業の年としています。

この野口遵が興した企業には，旭化成のほか，信越化学・JNC・積水化学・日本工機などがあり，戦前は「日窒コンツェルン」ともよばれていました。

後に，このアンモニアを原料に，延岡で人造絹糸のキュプラ（商標名ベンベルグ）の製造も始め，またレーヨン工場も設立し，昭和の高度成長期の旭化成の主力事業ともなりました。こうして延岡は，旭化成グループの拠点の工業都市として発展していくことなります。

衣料材料・食料供給の基礎となる肥料関連事業を同時に手掛けたことからも推察できるように，野口遵の事業観は「生活必需品を大量生産すること」にありました。しかしそれは，単に利益を追求したかったからではありません。その背景には，「世界人類の平和のため」という高邁な精神があったのです。現在も稼働しているベンベルグ工場の前身となる延岡旭ベンベルグ絹絲の設立趣意書ともいえる「人類文化の向上と吾社の使命」の中で，次のように述べています。

　「吾々工業家は飽くまでも大衆文化の向上を念として，最善の生活資料を最低廉価に然も豊富に給することを以って究局の目的としなければならぬ」「かくて始めて工業報国の目的が達せられると同時に人類に幸福を齎し斯くする事に依って吾社の使命が果たされることゝなる」

この設立趣意書は，今日のSDGs，ESG経営に通じるもので，後に紹介する「DXビジョン2030」にも通じています。また，野口の考え方は，時代を超えて，現在の旭化成のグループミッション「私たち旭化成グループは，世界の人びとの"いのち"と"くらし"に貢献します。」にまで，文言の変更はあるものの，受け継がれています。このように，旭化成に根付いた価値観が，事業・経営ツールを問わず，一貫したバックボーンとなっている企業文化であることをご理解いただけると思います。

旭化成の一見すると関連性のない多角化事業展開は，このような企業文化を背景として育まれてきたものですが，続いて戦後から現在までの事業展開とそ

の背景について紹介します。

2　戦後から日本の高度成長期まで：多角化の助走

　戦前の，肥料（食），再生繊維・人造絹糸（衣）を中核事業として始まった旭化成は，戦後の財閥解体を経て，新たな成長を遂げていきます。前述のとおり，野口の精神を継承し，戦後復興の過程において日本の生活を豊かにするための事業展開を進めていきますが，これは中興の祖である宮崎 輝（1961-1985年社長，1985-1992年会長）のリーダーシップによって成し遂げられたものだといわれています。

　1950年代には戦後復興で生活資材充足のため，戦前からの綿・絹代替の繊維事業が拡大していく中，耐久性のある素材を求めて，米国ダウ・ケミカル社と塩化ビニリデン繊維「サラン」の製造技術提携と合弁会社の設立をします。この事業が，その後の石油化学事業への進出と，現在も旭化成のコンシューマー

図表1−4　車載用途の製品群（2015年当時）

領域内横断で自動車関連のお客様に総合的なアプローチを行う
- 新拠点設立やグローバル拠点の有機的連携によるエリア戦略の強化
- マーケティング機能の連携・強化
- 環境／安全／居住性／意匠性の各ニーズに応じた多様なキーアイテムを総合的に提案

向け看板事業ともなっている食品包装材「サランラップ」の事業化につながっていきます。また，食生活の向上のため，化学調味料「旭味」（グルタミン酸ソーダ）も事業展開していました。

戦後復興の波にも乗り，順調に業績が伸びる中，宮崎は，従来の事業の延長だけでは経営は危うくなるという健全な危機感に基づき，10年後20年後に必要とされる事業を開始しなければならないと考え，就業時間後に会社近くの独身寮で，入社数年までの若手技術者たちと定期的な会合を行い，将来のための新規事業を検討しました。その結果，最終的に提案されたのが，建材事業・ナイロン事業・合成ゴム事業で，社内では3種の神器をもじって「3種の新規」と呼ばれました。すぐに技術導入もなされ，ヘーベルハウス，エアバッグ用基布材料，エコタイヤ用合成ゴムなど，現在も旭化成の主力となる事業が開始されることとなったのです。

また，「3種の新規」に着手後，すぐに次の一手として，アクリル繊維原料やスチレン・合成ゴム事業で参画した川崎のコンビナート参加に加え，石油化学産業への本格参入を模索し，1964年に水島コンビナートの国家プロジェクトに参加します。このプロジェクトへの旭化成の設備投資額は1,000億円に上りました。現在でも巨額ですが，高度成長期とはいえ当時の旭化成の売上高はようやく1,000億円に届いた段階で，大きなチャレンジだったといえます。この，世の中の流れを捉え，将来を見据えて大きな挑戦をしていくことは，現在のDXブームの中でも実質的な活動を続ける旭化成のデジタル化に対する取組みの源流とも感じます。それが，2021年から3年連続でDX認定銘柄に選定されることにつながっています。

この石油化学産業への本格参入は，先述の「3種の新規」事業の拡大加速に加え，旭化成の主力事業であるアクリロニトリル（AN）事業や，リチウムイオン電池セパレータへと展開する布石ともなっていきます。

また，「3種の新規」で始めた建材事業に関連して，宮崎が欧州へ出張した際に，彼我の住宅事情の差を痛感したことから，1970年には「住宅事業」そのものに参入，現在の旭化成ホームズ「ヘーベルハウス」の事業となり，文字どおり衣食住を支える企業となりました。

3　構造調整期からバブル期：多角化と高度化

　高度成長期に蒔かれた新規事業の種は，1970年，80年の構造調整の中でも着実に花開き，オイルショックの逆風を受けながらも化成品事業を中心に成長していきます。

　この中でも，生活向上に寄与する新規事業への挑戦意欲は衰えず，繊維事業の技術を応用した人工透析事業や，ポリエチレンの用途展開から創出されたリチウムイオン二次電池セパレータのような既存事業を足掛かりにした新規事業を展開します。さらに，半導体集積回路（LSI）やスーパーコンピューターなど，将来暮らしを支えることになると思われる事業領域への参入，50年代より化学調味料における発酵技術で提携し，その後資本参加していた東洋醸造の合併による医薬事業の拡大など，事業の多角化が本格的に進んでいきました。

　また，既存事業の高度化も進みます。住宅事業では，この時期，業界の中でも早期からIT導入を進め，90年代には顧客（施主）との打ち合わせを，その日のうちに図面に落とし込みコストや発注に反映できるようにすることで，高品質な住宅の提供とそれを可能にするビジネスモデルを実現しました。

　グループ経営手法としても，早期から事業部制・事業部門制・カンパニー制と，事業ごとの自立を促す方向で，経営を高度化しました。一方，それぞれの事業の個別製品は，グローバルニッチトップ（世界市場のニッチ分野で勝ち抜いている企業）的な強さを持ち，電子材料や感光材，スパンデックス（弾性繊維）などは営業マーケティングだけでなく生産活動の場もアジア地区を中心に海外進出を始めました。

　このように，高度成長期後の旭化成は，"いのち"と"くらし"を支える事業拡大のため，医薬事業の拡大，電子部品への参入と事業展開を広げる一方，住宅事業で先進的なIT活用を進め，21世紀に入ってからの各事業の自立的成長と活動の場となりうる海外展開の布石を打っていったのです。

4 バブル崩壊から今日まで： Connectさらに共創へ

(1) 旭化成の構造改革

　ここまで，大きな出来事や要点のみをまとめてきましたが，事業活動がすべてうまく進んできたわけではなく，事業立ち上げの苦労はもちろんのこと，撤収・撤退といった苦難の歴史もありました。

　特にバブル崩壊後の，いわゆる「失われた10年」の後は，強い事業に集中するため，また，旭化成グループ全体の収益力向上の観点から，かつて旭化成を支えたアクリル繊維（カシミロン）や祖業であるレーヨンといった繊維事業から撤収を行いました。このほか，企業理念にマッチはしていたものの，ビジネスモデルが当時の旭化成には馴染まなかった食品事業をJTグループに，ハイリキ・富久娘といった酒類事業をアサヒビール（現在のアサヒグループホールディング）やオエノンホールディングスに売却することなども決断しました。

　また，先見の明あって，技術的には先行していたにもかかわらず市場が立ち上がらず撤収したカーボンファイバー事業や，基本特許を持ちながら他社との合弁により事業化したリチウムイオン二次電池事業は，合弁先であった東芝グループに売却して，基本特許のみライセンス事業に特化するという転換もしました。なお，リチウムイオン二次電池については，その発明により，開発者であった吉野彰が，海外の他の重要技術発明者２名と共に2019年にノーベル化学賞を受賞しました。

　また，21世紀初頭のITブームを受けてネットビジネスにも挑戦し，日々の献立の画像をメールで保健士に送信して食事指導を受けるサービスや，BtoBのeコマース事業，データセンター事業にも挑戦しました。ただし，グループのインフラでもあるデータセンター事業以外は，旭化成グループが経験を蓄積してきたビジネスモデルとはあまり馴染まず，撤収したり専門企業に譲渡するなど今は手を放しています。

　また，本書のテーマでもあるデジタルに深くかかわる情報システム部門につ

いては，開発・保守・運用は早くから情報子会社（旭化成情報システム，現在の
AJS株式会社）に委託しており，旭化成本体は情報システムの管理機能を担う体
制をとってきました。AJSは外販事業にも進出していましたが，2000年代初頭
の旭化成グループでは，「選択と集中」や「BPO（ビジネスプロセス・アウトソー
シング）の推進」といった経営方針を採用しており，技術力向上と外販事業の
拡大のために2005年に持ち分の51％をITホールディングス（現在のTIS株式会社）
に譲渡しました。今日においても，旭化成グループ内部には買収した海外子会
社のシステム部門や製造系・研究開発系の一部を除き，システム開発の内製部
門はありません。AJSは旭化成の連結子会社ではないものの，現在でも実質的
な情報子会社であり続け，重要なパートナーとなっています。

(2)　新規事業・事業拡大

　このような，構造改革を進めながらも，新規事業・事業拡大への歩みを止め
ることはありませんでした。特に，2003年に従来のカンパニー制から，純粋持
株会社制（旭化成の社内では“分社・持株会社制”と呼んでいます）に移行して以降，
旧旭化成の事業部門は，旭化成せんい，旭化成ケミカルズ，旭化成ライフ＆リ
ビング（サランラップ等生活製品），旭化成エレクトロニクス（電子材料），旭
化成ファーマ（医薬）など事業子会社として再構成されました。
　この分社・持株会社制の下で，各事業会社はそれぞれのキャッシュフローの
範囲内で自主自立での拡大再生産策を推進し，自律的に事業強化を進め，多く

図表1-5　旭化成の日本／海外の売上推移

の事業がWTOに加盟したばかりの中国に進出していくことになります。それは，製造コストのメリットや近い将来に巨大なマーケットになるということを見越していたからにほかなりません。

⑶　旭化成のM&A

また，21世紀に入ってからは，自社開発を行ったり，技術ライセンスを受けて新規事業に参入していくというこれまでのやり方は，スピードの観点から成り立たず，新規事業への挑戦については海外同業者とのJV（ジョイント・ベンチャー）や，新興企業への（資本参加を含む）M&Aが中心となってきます。中でも，2012年に買収した，救命救急医療機器事業のZOLL Medical（以下，「ZOLL社」）は今や旭化成の成長エンジンともなっていますが，患者のバイタルデータをもとに適切な対応をしていくという意味ではデータ事業そのものともいえます。

また，ZOLL社買収の目的は買収時点での同社の事業ラインナップの良さもありましたが，救命救急・心疾患をキーワードに周辺事業・補完事業を行っている技術力のある新興企業を次々に買収して成長エンジンを着実に大きくしていくことにありました。旭化成の既存事業でも同様の狙いでの事業拡大を意図しM&Aを加速している状況です。

また，現在の旭化成のグローバル展開を支える基盤として忘れてはいけないのは，2015年に買収した，バッテリーセパレータ事業のPolypore International（以下，「Polypore社」）の存在です。この買収の目的は，当時リチウムイオン電池セパレータの民生用途ではトップ企業であった旭化成が，その後爆発的に市場が拡大すると予想される電気自動車（EV）用途向けでも地位を確保すべく，当時競合であったPolypore社のセパレータ事業（Celgard）を入手することにありました。

Polypore社は，ヘキストセラニーズ，W.R. Graceといった老舗の欧米化学企業を源流に持つ多国籍企業で，本社機能も含めた事業拠点を世界に点在させつつグローバルオペレーションを推進しています。特にIT活用については，2015年当時から工場の稼働率やマーケティング情報がスマートフォンでリアルタイムに確認できる体制を整えていました。海外のグループ会社に出張した際には，

特段の設定をすることなく社内LANに接続でき，事務所のプリンターから印刷できるなど，現在日本企業がDXと称して取り組んでいることが，すでに当たり前のように導入されていました。

　ITをはじめ，本社機能・間接部門におけるグローバルオペレーションの運営に優れたノウハウを持つPolypore社の手法を取り込むことは，旭化成のグローバルオペレーションが立ち上がる契機となりました。さらに，こうした欧米流の合理的な運営方法に，緻密さや合意形成型の意思決定など日本的経営の良さを組み合わせることができれば，大きな飛躍の糧となるとも考えられます。

　また，コロナ禍に直面した2020年には，イオン交換膜の周辺事業として，カナダのRecherche 2000社を買収しました。Recherche 2000社は，イオン交換膜が組み込まれている電解プロセス向けモニタリング装置の製造・販売とシステム開発を行う会社であり，交換膜事業のデータドリブン型事業を推進する役割も担うこととなります。

　ヘルスケア・マテリアル（医薬・衣料関連素材）事業の展開について紹介しましたが，住宅事業でもM&Aによる海外展開が事業の成長をけん引しています。ヘーベルハウスの競争力の1つが，IT活用による垂直統合型の情報管理であることは先に述べたとおりです。豪州・米州では，住宅需要（人口）の増加に伴いマーケットは拡大していますが，着工から竣工まで工程ごとに分業化されていて，情報の流れが悪く，連携の効きづらい状況になっています。ここに，ヘーベルハウスの事業管理モデルを導入し，差別化されたビジネスにしようと考えたのです。住宅に対する価値観は地域文化・国民性で様々ですが，工期が短い（早い）ことや品質が高いことは万国共通で求められるところですので，今後の展開も期待されるところです。

　共同研究や事業提携だけで，思うような事業展開を図ることはなかなか難しく，だからこそ旭化成のM&Aの多くは，ZOLL社のような新たな事業プラットフォームを取り入れるケースは別にするとしても，既存事業とその周辺領域との「共創」という形で推進されるものが多くなっています。本書のテーマであるデジタル化についても同じことがいえます。私たち「デジタル共創本部」も，旭化成の「グループ内での共創」と「グループ外との共創」を，デジタルを通じて実現していきたいとの考えから名づけられており，M&Aに並ぶ成長

エンジンツールとなることが期待されています。

　ここまで，旭化成の来歴やデジタル化にかかわる取組み等の概要を説明してきました。こうした事業展開変遷のコンセプトをイメージ図に示したものが**図表1−6**，**図表1−7**，**図表1−8**です。

　いつの時代も，社会のニーズに対応する新たな事業への参入と，既存事業を土台にした新たな価値の創出・提供を心掛けて事業自体の新陳代謝を図ってきたことがわかると思います。

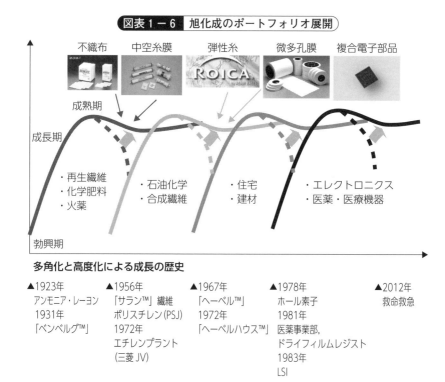

図表1−6　旭化成のポートフォリオ展開

図表1－7　ポートフォリオ転換の歴史（売上高構成）

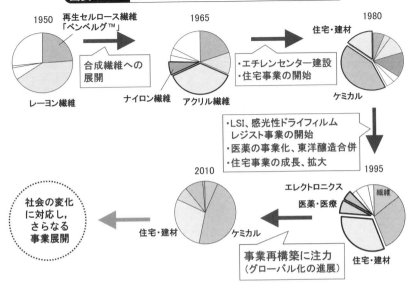

1950　再生セルロース繊維「ベンベルグ™」　　1965　　住宅・建材　1980

合成繊維への展開

レーヨン繊維　　ナイロン繊維　アクリル繊維

・エチレンセンター建設
・住宅事業の開始

ケミカル

・LSI、感光性ドライフィルム
　レジスト事業の開始
・医薬の事業化、東洋醸造合併
・住宅事業の成長、拡大

2010　　　エレクトロニクス　　1995

医薬・医療

社会の変化に対応し，さらなる事業展開

住宅・建材　　ケミカル　　繊維

事業再構築に注力（グローバル化の進展）

住宅・建材

図表1－8　旭化成の事業の変遷まとめ

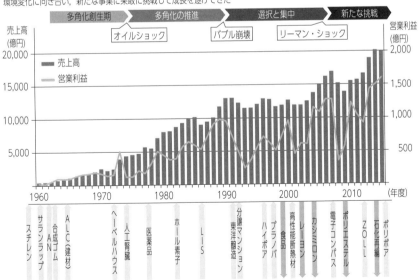

環境変化に向き合い，新たな事業に果敢に挑戦して成長を遂げてきた

多角化創生期　　多角化の推進　　選択と集中　　新たな挑戦

売上高（億円）　　オイルショック　　バブル崩壊　　リーマン・ショック　　営業利益（億円）

20,000　　　　　　　　　　　　　　　　　　　　　　　　2,000

■ 売上高
　 営業利益

15,000　　　　　　　　　　　　　　　　　　　　　　　1,500

10,000　　　　　　　　　　　　　　　　　　　　　　　1,000

5,000　　　　　　　　　　　　　　　　　　　　　　　 500

1960　　　1970　　　1980　　　1990　　　2000　　　2010　（年度）

スチレン｜サランラップ｜合成ゴム｜AN｜ALC（建材）｜ヘーベルハウス｜人工腎臓｜医薬品｜ホール素子｜LSI｜分譲マンション・東洋醸造｜プラノバ｜ハイパア｜食品｜高性能断熱材｜レーヨン｜カシミロン｜電子コンパス｜ポリエステル｜ZOLL｜石化再編｜ポリポア

生産・販売開始　　撤退・縮小

5 これから：デジタルの力

　ここまで，各事業の変革による拡大と多角化の経緯を紹介してきましたが，一方で事業の長寿命化・多角化に伴う宿命的な課題もあります。

　長寿命化が進んだ事業においては，現場の仕事のスタイルがやや硬直的になり変化しにくく，IT化やデジタル化が遅れがちになる傾向があります。デジタル化を進めるにあたっても，多様な事業や製品に個別に対応しなければならないという効率の悪さが問題になります。

　IT投資を行うといっても，事業の規模によっては，その採算性を考えると軽々にはできません。他方で，その「規模」で勝負をしてくる新興国の競合企業に，どう伍して競い，勝っていくかという問題があります。その解は簡単に見つかるものではありませんが，単なる効率化のみならず，ビジネスモデルの変革に踏み込んだ挑戦が必要となっており，まさしくDXを果たしていかなければならないのです。

　多角化に関していえば，多様な事業に個々の対応が必要なこと自体はアキレス腱となりますが，デジタル技術・データの視点から考えれば，他の企業グループでは外部から買ってこないと得られないデータや，そもそも社外には出てこない，多様なマーケット情報や技術情報を保持しているという，他の企業グループにはない特徴を持っているとも言えます。

　この特徴を「特長」とできるかどうかが，旭化成の今後の成長・存続のカギともなってくると思われますが，そのためには，デジタルの力で，非構造データも含めて整理統合し，データドリブン経営を推進していかなければなりません。

　ここでは詳しくは述べませんでしたが，企業理念である「世界の人びとの"いのち"と"くらし"に貢献します。」の大前提であり，もはや地球規模・人類全体の課題である環境問題への対応（Greenの維持 "G"）とデジタル活用での成長加速（Digitalの "D"），これらを支える一番重要な会社の財産である従業員（Peopleの "P"）の成長の3点セット「GDP」が旭化成の重要経営課題とし

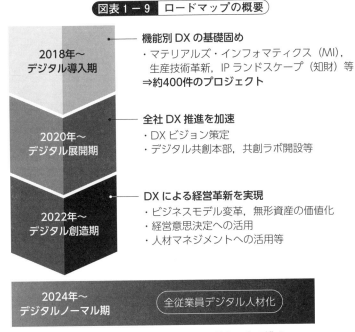

図表1-9　ロードマップの概要

2018年〜 デジタル導入期

機能別DXの基礎固め
・マテリアルズ・インフォマティクス（MI），
　生産技術革新，IPランドスケープ（知財）等
⇒**約400件のプロジェクト**

2020年〜 デジタル展開期

全社DX推進を加速
・DXビジョン策定
・デジタル共創本部，共創ラボ開設等

2022年〜 デジタル創造期

DXによる経営革新を実現
・ビジネスモデル変革，無形資産の価値化
・経営意思決定への活用
・人材マネジメントへの活用等

2024年〜 デジタルノーマル期　　全従業員デジタル人材化

全従業員がデジタル技術活用のマインドセットで働く

て，現在中期経営計画などでもアピールされています。中でもデジタルは本来
ツールでしかありませんが，温室効果ガスの発生状況や旭化成製品の貢献など
複雑な環境問題（G）の見える化やシミュレーションに欠かせず，そういった
先進的なシステムの開発活用にかかる人材（P）の獲得育成が重要な経営課題
ともなるという意味で，現在は他の多くの日本企業と同様に，技術の問題では
なく経営基盤そのものの課題と認識されています。

　こういった事業の高度化のためのデジタル活用や人材開発の考え方と実例を
体系的に説明し，社内外へ積極的に広報してきたことも評価され，2021年にデ
ジタル共創本部の発足と同時期にDX銘柄認定を受けることになりました。社
内関係者とは，「2020年はデジタルの活用が全社的に進んできた“デジタル展
開”であったが，現中期経営計画（2022-2024年）中はデジタルデータを事業・
経営に広く積極的に活用していく“デジタル創造期”にあたる。この次の中期
経営計画のスタートする頃には，全社員がデジタル活用は当たり前と考える

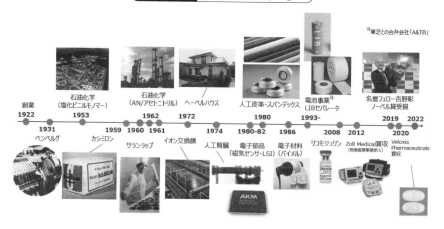

図表1-10 旭化成の100年の歩み

"デジタルノーマル期" を目指し，活動していこう」と意気込んでいるところです。

　こういう，背景があることを念頭に，さらに細かい来歴や具体的な施策，思想について，次章以降お伝えしていきます。

第 2 章

旭化成のDXビジョン

1 DXビジョン作成の経緯

2020年11月中旬，新組織（デジタル共創本部）立ち上げの構想と並行して，DXビジョンの検討を開始しました。DXビジョン策定の目的は「旭化成としてDXの取組みの進むべき方向性を明らかにする」ことです。すでに社内で様々なDXの取組みが行われており，それぞれのテーマは現場に寄り添いながら強い「変革への想い」をもって進められている一方で，旭化成がDXによってどう変わっていくのか，どのような企業を目指すのか，というビジョンは存在していませんでした。また，DXは一部のエキスパートによって進められるのではなく，全社一丸となって同じ方向に向かって取り組むべき活動です。このような課題認識から，すべての社員が共感でき，同じ方向を向いてDXに取り組んでいくためのDXビジョンが必要だと考えるに至ったのです。

2 DXビジョン検討合宿

(1) 合宿の目的

DXビジョンの策定に向けて実施したのが「DXビジョン検討合宿」です。4月の新組織発足まで時間がない中で，短期間に多様なメンバーを集めて一気に検討を進めようということで，コロナ禍の中ではありましたが，「とりあえず合宿」を行うことにしたのです。これは非常に効果的な提案であったと思います。

迅速にメンバーの選定と合宿所の手配が進められました。合宿参加メンバーは多様性を意識して，経営企画部，人事部，広報部，事業部，マーケティング部門，デジタル部門のリーダーに加え，経営層から副社長2名も選定しました。12月に入ってからの調整となったので，日程調整と合宿の場所を押さえるのに非常に苦労しました。

合宿では「2030年，旭化成が考えるDXによる，より良い社会・業界の未来

像をオープンにディスカッションし，DXビジョンの原案をつくること」を目標に検討を進めることとしました。検討に着手する際に，旭化成ではDX推進を単なる効率化としてだけではなく，事業の高度化や新事業創造のための"Challenge"として捉えていること，DXビジョンによって，事業の高度化・新規事業を非連続に加速させる原動力とすること，の2点をDXビジョンの位置づけとして設定しました。

(2)　未来洞察アプローチで議論

　検討は，キーノートセッションとして経営層から熱いメッセージ「今日から旭化成DX維新を起こす」が提示されるとともに，旭化成におけるDXの取組みが紹介され，さらに社外エグゼクティブからも「先進的な企業が今何をしているのか」，「なぜDXの取組みにビジョンが必要か」が説明されるなど，熱量のあるインプットから始まりました。

図表2－1　キーノートセッション

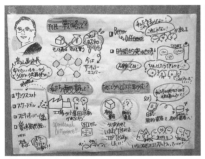

　次に参加者全員で「私の思う現時点でのDX」，「合宿に期待していること」を共有するチェックインを行った後に，「健康」（健康で快適な生活），「環境」（環境との共生）を2大テーマに社会・業界が今後どのように変わりうるかを参加者全員がフラットに検討を進めました。ここで未来を洞察する狙いは，社会や業界，企業に大きなインパクトをもたらしうる変化を捉え，自ら実現したいユニークな未来を着想し，それを起点としてバックキャスティング型で検討を進めることです。未来を洞察するための手法として「Three Horizon」を用い，約160の未来動向リストと，参加者が事前に集めた未来の兆しを使って，以下

の３つのラインにマッピングしました。

- Horizon 1（H1）：徐々に目的に沿わなくなりビジネス価値が失われるもの，一部は価値として残るもの
- Horizon 2（H2）：根本的に新しい未来
- Horizon 3（H3）：成長への転換点

図表2－2 Three Horizon

そこから，「社会」，「業界」，「人・働き方」の変化に関して議論を進め，旭化成が注目すべき未来洞察を整理しました。例えば，「社会」に関しては"所有の概念がなくなり，企業間でも様々なものがシェアリングされる"との考えや，「業界」に関しては"ものづくり特化型製造企業と，工場を持たずに生産

図表2－3 白熱した議論の様子

ノウハウとデータを握るプラットフォーム形成型製造企業に分かれる"，「人・働き方」に関しては"世代の境目をなくし，既存の資産，資源，知識，チーム等を再構成するダイナミックケイパビリティが競争優位の源泉になる"，といったものが挙げられました。

議論は，「このまま何も変わらなければ10年後に旭化成がない可能性がある」といった刺激的な言葉も出るなど，白熱したものとなりました。

(3)　「発散と収束」で原案を絞り込み

初日の検討で疲労困憊したメンバーでしたが，夜の懇親会では達磨の目入れ

図表2-4　初期案および原案

〈ペアで作成した初期案〉

〈7つの原案〉

図表２－５　合宿参加メンバー

といったイベントも催され，参加メンバーの一体感の醸成を通じて活力を取り戻しました。２日目は，旭化成が注目すべき未来洞察から「DXビジョンステートメント」（背景，ビジョン，ビジョンの構成要素：人・データ・組織風土）の作成に積極的・情熱的に取り組みました。また，ステートメント作成にあたり，２人ペアで初期案を作成後，相互レビューを実施し，方向性の近いものをグループ化，さらにブラッシュアップといった「発散と収束」を繰り返し，最終的に２つの原案が出来上がりました。ここで万歳三唱といきたいところですが，そう簡単には終わらせず，さらにより良いものとするために，後日新たなメンバーを加え，原案のブラッシュアップを行いつつ，新たな視点のもとでの案も追加し，最終的に７つの原案となりました。

3 ｜ DXビジョンの完成

　何とか７つの原案を作成することができ，関係者も心健やかに年末年始を過ごしました。年が明けた2021年１月から心新たに７つの原案から最終的なDXビジョンを創り上げる作業が始まりました。７つの原案に対して，Pros & Cons（賛成・反対に分かれて，議論を行うこと）によって出された多様な意見から，事務局メンバーを中心に２つの案を作成し，さらにPros & Consによる意見出しと投票を経て，2021年２月22日，旭化成のDXビジョンの原文「**私たち旭化成はデジタルの力で境界を越えてつながり，"すこやかなくらし"と"笑**

図表2－6 完成した「Asahi Kasei DX Vision 2030」

顔のあふれる地球の未来"を共に創ります」が完成したのです。

　なお，Pros & Consでは，デジタルという手段はさておき，"あらゆる人々の明るい未来を創りたい"という意見が多かったことがとても印象的で，旭化成のグループミッションである「私たち旭化成グループは，世界の人びとの"いのち"と"くらし"に貢献します。」が社員に浸透していることを再確認することができました。

　最終的には背景画像のついた正式バージョン「Asahi Kasei DX Vision 2030」（図表2－6）として，2021年5月25日の経営説明会で報告され，公表されました。

4 DXビジョンコンセプトムービーの作成

　DXビジョンは簡潔な文章で表現されているため，「旭化成が目指す姿や社会に提供する価値が何なのか」をイメージすることが難しいといった意見もありました。そこで，旭化成が思い描く，デジタルの力により成し遂げたい世界観

に対してより強い共感を得るために，直感的にわかりやすいコンテンツとして
コンセプトムービーを制作することになりました。

　この制作にあたっては，マテリアル・住宅・ヘルスケアといった多様な領域
で事業を展開している旭化成が，デジタル技術・データを用いて領域を越えて
つながっていくことで，新しい価値を創出できるポテンシャルを有しているこ
とが伝わるように工夫しています。具体的には，説明的なものではなく，「記

図表2－7　DXビジョンコンセプトムービー「未来への起点」篇

図表2－8　DXビジョンコンセプトムービー「道なき世界」篇

憶に残る（余韻を感じる）」，「旭化成が目指す未来，そこに向かう強い意志が感じられる」ものを目指し，文章，映像，音楽に関して制作会社と入念に議論を重ねながら，約 4 ヶ月かけて作成しました。

　DXビジョンコンセプトムービーは，2021年12月16日に開催された社外のマスメディア向け「DX説明会」の場で正式に公開され，その後，社内外の様々な講演や公式のWebサイト，YouTubeやLinkedInなどのSNSメディアを通じてグローバルに展開されています。なお，2021年度に作成したコンセプトムービー「未来の起点」篇に加え，2022年度には新しい中期経営計画（"Be a Trailblazer"）に沿った形で新たに「道なき世界」篇を作成し，2022年12月13日に行われた「DX戦略説明会」にて正式に公開されています。

旭化成のDX戦略

　旭化成は，デジタル活用のロードマップを以下の4つのステップで定義しています。

ステップ1：デジタル導入期（2020年度以前）

ステップ2：デジタル展開期（2020年度から2021年度）

ステップ3：デジタル創造期（2022年度から2023年度）

ステップ4：デジタルノーマル期（2024年度以降）

---

1 デジタル導入期

　まず，導入期では様々な現場テーマに挑戦してきました。当初は現場の理解が得られず苦労しましたが，テーマを絞って集中的に成果を創出すべく，粘り強い取組みで現場への浸透を図った結果，生産系のIoT（モノのインターネット）と研究開発におけるMI（マテリアルズ・インフォマティックス）について複数の成功事例が出てきたのです。

　専門組織でプロジェクトを進めるに際し，内製にこだわり，またアジャイル開発（チームを組んで，細かな機能単位で設計・導入・検証を繰り返し，製造現場の課題を解決していく）アプローチを採用しました。この時点で取組みを始めたテーマは，すでに400件にも上りました。なお，この時点では「MI」，「IoT」，「デジタルマーケティング」，「IP（知財）Landscape」（以下「IPL」）の4つを旭化成の重要な施策としていました。

　以下では，これらの状況について時系列に説明していきます。

(1)　MIの取組みの歴史

①　1985年コンピューターサイエンス室の発足

　研究・開発分野では，1985年に開発・技術本部にコンピューターサイエンス室を設立し，専用のミニコンピューターを導入しました。薬物探索，量子化学計算，化学反応プロセスシミュレーション，流体解析，構造解析などの分子シミュレーションからCAEの分野まで幅広く活用されていました。

　その後，シミュレーションの対象も，材料開発分野では均一系触媒，低分子から，固体触媒，高分子，有機半導体，磁性材料，超電導材料などへ広がり，また流体解析は紡糸プロセスや反応槽内の解析などに加え，血液浄化や水処理に用いられるようになりました。さらに中空糸モジュール内の液体の流れもシミュレーションの対象となるなど，より複雑な流れの解析へも広がりました。また，プラスチック射出成型用金型設計のための樹脂流動解析，薬物設計，LSI製造プロセスシミュレーションなどは事業会社に移管され，各々ゆるやかな連携を保ちながら利用者のすそ野が広がっていきました。

②　2000年頃　帰納的アプローチへの挑戦

　2000年頃から計測技術やコンピューター技術の進歩により，短時間に膨大な量のデータを処理する能力が向上しました。これにより，多変量解析や機械学習などの技術を用いた帰納的アプローチの可能性が広がりました。このような背景を受けて，研究・開発本部の基盤研究所では，多変量解析や機械学習を用いて，材料の構造的特徴を解明する研究に着手しました。具体的には，不良や優良といった特性と分析データの特徴との関連を特定するための計測インフォマティクス的なアプローチがスタートしたのです。

　従来の原理原則に基づく仮説検証型の演繹的アプローチに対して，この帰納的アプローチでは，スピーディーに原因となる構造的特徴の特定やメカニズム解析を行うことができます。こうしたアプローチを採用するとともに，社外との共同研究や普及拡大が積極的に進められました。当時はMIという言葉は世の中に認知されていませんでしたが，これらの取組みが旭化成におけるMIの原型となり，この後の発展につながっていきました。

③　2017年　専門組織立ち上げによるMIの取組み

　転機となったのは2015年，様々な解析業務を担当する基盤技術研究所に，米国企業が国家主導でMIを活用し従来考えられない短期間のうちに電池材料を開発した事例を知った旭化成グループの技術担当役員でもある新事業本部・本部長が訪れ，近い将来素材開発が大きく変わる可能性があると説いたのです。これにより，現場のメンバーにも危機感が共有されました。すぐに緊急で，基

盤技術研究所がMIの実態調査を実施した結果，データの整備次第でMIは素材の研究開発を大きく変え，上述のゲームチェンジが起きる可能性は十分想定されると判断し，MIのチーム立ち上げに着手することになったのです。

その後，MIのチームは正式に「MI推進部」として発足，技術政策室配下に設置されました。そこで実際に，触媒開発にMIを適用した結果，従来の5分の1から10分の1の期間で目標性能を達成する触媒を見出すことができました。これらの成果から，MIは，迅速な材料探索にとどまらず，実験条件やプロセス条件の提案にまで効果を発揮することが確認できたのです。そして，その他の材料含めた旭化成における製品全般の研究開発を一気に加速するために人員の増強も実施し，MIの応用範囲を広げ，様々な製品開発への活用に展開していくことになりました。

④　2018年　人材育成とデータプラットフォーム（DPF）構築に着手

MIにおいては，化学，物理，材料における専門性や研究機器に関する知識，さらには過去から蓄積した経験知やノウハウなどが必要になってきます。MI推進部のデータサイエンティストだけですべて開発を行うのは容易ではないため，自らMIを扱える技術者育成が重要な課題であり，実際に2018年から育成策をスタートしました。

また，研究開発部門では，日々生み出されるデータが部門や実験担当者ごとに散在し，形式もバラバラで統一的に管理されていませんでした。そこで，これらのデータをデータプラットフォーム（以下「DPF」）へ蓄積し活用していく活動を開始することにしたのです。初期の段階は高い信頼性とセキュリティを担保できるファイルサーバにデータを集約し，フォルダ整理やアクセス管理を行い，組織として統一的にデータ蓄積が可能な状態を整備しました。現在ではそれぞれの研究開発で用いられる入力様式の整備・統一を進め，各種データを参照可能な表形式に構造化して，連結・統合できる「DPFデータ管理基盤」の構築が進行しています。

(2) 生産系の取組み

① 2012年　工場情報管理プラットフォーム開発に挑戦

　2012年当時，団塊の世代の退職によりベテラン従業員が減少し，それに伴い工場長の若返りが進む一方で，必ずしも経験が十分ではないメンバーもおり，製造力の低下が懸念されていました。そこで，生産技術本部が中心になり，工場運営の高度化を目指し，工場運営のノウハウを蓄積，活用するプラットフォーム "FPM"（Factory Performance Management System）の開発に着手しました。

　当時，技術的にはまだ新しい分散処理技術であった「Hadoop」（大量のデータを複数のコンピューターで並列処理するオープンソースのソフトウェアフレームワーク）を実装したパッケージソフトを活用し，工場運営上の管理指標については「工場長のためのガイドライン」（社内資料）を参考にシステム開発を行いました。1つのモデルとして，川崎交換膜製造部においてTPM（Total Productive Maintenance，全員参加型の生産活動）の一環として運営されていたロスツリー（ロスを視覚的に表すツール）を実現する機能を構築するとともに，BI（ビジネスインテリジェンス）ツールを活用するための各種ダッシュボードの作成も内製化しました。このような形で実際にシステムを開発することで技術獲得を進めていったのです。

　しかし，このシステムを様々な工場・製造部に紹介しましたが，まだまだ人間による判断が重要視されていた時代であり，製造現場ではIT中心の仕組みに対する理解が得られず，まったく普及しませんでした。

② 2016年7月　次世代ものづくり技術開発部の発足

　キーパーソンとなったのは当時は副社長であった，前述の技術担当役員でした。「欧米ではすでにIoT活用が進んで大幅な生産技術向上が起こっており，将来的に生産分野にも大きな変革が起こるだろう。そのときに旭化成が後れを取ることはあってはならない」と強い危機感を持っていました。そうした危機感を背景として，「製造系の革新を！」を旗印に，生産技術本部に「次世代ものづくり技術開発部」を発足したのです。

　組織のメンバーはFA（Factory Automation）エンジニア中心で構成されていま

したが，アジャイル開発に挑戦したいという高い向上心を持った若手ITエンジニアも合流し，プロジェクトがスタートしました。まずは，加工組立系の製造プロセスをターゲットに生産技術の高度化に関する検討を始め，住宅事業の部材製造部門である旭化成住工の組立工程の高度化や旭化成メディカルの人工腎臓のAI検査装置などのプロジェクトが，若手を中心に回り始めました。

③　2017年7月　IoT推進部の発足

2017年には，次世代ものづくり技術開発部や一部の事業領域だけでなく，全社の製造工程を高度化の対象にすべきだという副社長のトップダウンのもとで，IoTを冠に掲げたデジタル推進組織が発足しました。

このころ先行して取り組んでいた旭化成住工のプロジェクトにおいて，生産工数3分の1削減，製造リードタイム3分の1削減など，大きな成果を実現しています。この取組みは社内報「A-spirit」を通じて社内にも積極的に周知されたほか，業界紙にも取り上げられました。これは，この取組みに関与した製造現場と生産技術本部のメンバーの自信につながりました。

さらに，社内のデータアナリストによる現場のトラブルデータの分析が本格的に開始され，複数の工場で抱える問題の解決につながるなど，結果も出てきました。こうした活動を通じてデータ分析の重要性が認識され，データ分析により問題を解決する「データ分析人材育成プログラム」が推進されていくことになりました。こうした取組みと同時に，IoT活動の生産性を高めるためには，全社データ基盤の構築が不可欠になります。そこで，IoTプラットフォーム（IPF）の開発にも着手しました。

また，積極的なキャリア採用に取り組み始めたのもこのころからです。当時取り組んでいたテーマはまだ10件以下でしたが，さらに改革を進めるためには即戦力のエンジニアが圧倒的に不足している状況だったからです。

④　2018年10月　デジタルイノベーションセンターの発足

2018年9月に経済産業省から「DXレポート〜ITシステム「2025年の崖」の克服とDXの本格的な展開〜」が公表されたことを受け，日本国内でもDXへの関心が高まりました。ITベンダーやコンサルタントの活動も活発化していま

した。

　そのような中でも特に注目されていたのがAI技術の導入です。旭化成内でも多くの工場で様々な課題があり，デジタル技術によって解決することが期待されていましたが，エンジニア不足や技術力不足もあり，なかなか進みませんでした。IT企業数社に実証実験（Proof of Concept，PoC）を依頼した結果，現場に実装できない事例や，実装できたとしても非常に時間がかかってしまう事例が出てきました。そのため，新たな組織体を設けて，主要技術を内製化し迅速に課題解決を推進することになったのです。

　こうして，デジタルイノベーションセンター（DIC）は，従来のIoT推進部に加え，通信やWebアプリ開発に携わるITエンジニア，さらには旭化成エンジニアリングのIT技術者による計30名でスタートしました。その後，音声認識や画像認識技術を有する研究・開発本部　融合ソリューション研究所のエンジニアも合流し，体制強化を図りました。

　新組織発足直後には，2019年度から始まった中期経営計画「Cs＋ For Tomorrow2021」に沿って，デジタル領域の中期経営計画「デジタル中計」を，IT統括部とインフォマティクス推進部のメンバーで策定しました。このデジタル中計の中では，デジタルプロ人材の育成計画などの諸課題に対して，初めて定量的な目標を設定しています。

⑶　営業・マーケティングでのDX取組み

①　2015年以前　エクセルハンド中心の作業

　社内の営業・マーケティング部門の大多数は，従来型のやり方で日常業務を進めていました。典型的には，顧客リストや顧客組織などの顧客管理全般はエクセルで個別ファイル管理する，顧客訪問報告はメールで共有しエクセルでデータベース化する，といったやり方でした。職業柄，旭化成ホームズや旭化成エレクトロニクスなど，独自のマーケティング情報共有ツールを構築，運営し，活用が先行している組織もありましたが，各営業担当が日々の活動や展示会などのイベントで収集した膨大な数の名刺の管理すらデジタル化されておらず，折角収集した情報を十分に活用できる状況ではありませんでした。

　情報発信やマーケットとの交流の面では，当時Webサイトの構築と運営は

始まっていたものの，B to C事業を除けば，Pull型マーケティングを強く意識したサイト運営はなされておらず，各事業での製品情報発信や，潜在顧客の流入の経路としての活用にとどまっていました。

② 2015年以降CRMの導入検討が進む

2016年からの中期経営計画「Cs for tomorrow 2018」推進にあたり，マーケティングのデジタル化に向けた検討が始まりました。まずCRM（Customer Relation Management）の更新や新規導入に着手しました。

2012年に買収した救命救急事業のZOLL社ではすでに「Salesforce」をグローバルに活用しており，また，2015年に買収したバッテリーセパレータ事業を展開するPolypore社も独自システムながら，マーケティング戦略にITを効果的に活用していました。

これらの買収した事業におけるマーケティングへのデジタル技術の活用は，本社部門で，「Salesforce」（CRM）や名刺管理サービスの導入を検討する契機となりました。また，事業部門でも，旭化成エレクトロニクスが独自システム「GPS」から「Salesforce」へ転換することを検討したり，機能樹脂事業や建材事業では膨大なエクセル管理やテキストファイルでの管理を「Salesforce」に移行することを検討しました。さらにブラックボックス化を排除し，誰もが使いやすいシステムとするため，開発者に依存した属人性の高いシステムから脱却しようとする動きも出てきました。

2016年からの中期経営計画「Cs for Tomorrow 2018」では，自動車領域では事業横断的マーケティング活動も始動し，顧客情報の共有化やマーケット単位での事業実績管理などのニーズも生まれ，より一層「Salesforce」の活用を検討する流れが出てきました。しかし，事業ごとに過去からの慣習があり，個別にシステムが構築されることも多かったため，共有CRMの導入には至りませんでした。

③ 2019年　M&I本部発足と全社CRM導入推進

2019年からの中期経営計画に沿って，マーケティング＆イノベーション本部が設立され，個別事業単位を超えたマーケティング活動（その支援も含む）が

より積極的に行われるようになりました。

その第一歩として，顧客管理・営業支援（CRM）に関して，旭化成グループ横断で活用できる「One AK Salesforce」の設計と導入が始まりました。しかし，前述のとおり，すでに様々な形で「Salesforce」を導入していた事業が散在する中，一斉導入・転換することは現実的ではなかったため，基本的な共通機能に絞り込んだ「Salesforce Cloud」の設計を開始しました。結果として，約1年後には，1,000を超えるユーザーへとその利用は拡大しています。

Webマーケティングについても，2019年以降急速に各部署単位の取組みが進展しました。コンテンツの充実はもとより，ZOLL社での活用事例から，同じ医療機器事業である旭化成メディカルでのデジタルマーケティングによる新規リード（潜在顧客）の獲得活動，自動車関連分野における事業横断的なマーケティング（オンライン・オフライン）によるリード獲得活動，さらにMA（Marketing Automation）の活用により潜在顧客に応じて購買意欲を醸成する顧客ナーチャリングなどへの活用が進みました。

他方，グローバルな観点でのデジタルマーケティング活動を進めるにあたって，各国の個人情報の保護や欧州一般データ保護法（GDPR）などへの対応も必須となっていきました。

⑷　IPランドスケープへの取組み

①　1990年代後半　知財情報の戦略的活用

ここで話は前後しますが旭化成における知財情報の戦略的活用の歴史について触れておきたいと思います。旭化成は元々「情報調査は研究開発における知財管理の要諦」との謳い文句で，研究開発の要所要所で必要な調査活動を行ってきました。1998年には，全社の調査レベルをさらに引き上げるべく知財情報調査機能を全社一元化した「技術情報セクション」を社内に発足させました。このように，全社に対し必要な調査を実施する基盤を提供すると同時に，戦略データベース（Strategic Data Base, SDB）を構築しています。

特にこのSDBの全社定着には10年余の歳月を要しましたが，その後のシステムの進化とともに現在各事業基幹テーマのSDBはしっかりと定着し，今日では旭化成の事業を守る「砦」として機能しています。

一方で，全社のR&D部門に対し，知財部が知財情報の調査・整理・分析を行う特許マップ解析の提案を行っていましたが，当時は他社対策的な知財情報活用が先行し，特許マップの活用については優先度が上がらず，まだまだ全社普及という形にはなりませんでした。

前述したSDBが定着した反面，知財情報の活用が自らの事業寄りの，いわゆる足元情報にフォーカスして行われる傾向になってしまっていたこと，当社技術から少し離れたところに存在するはずの他社情報については視野に入れなかったこと，の2点が大きな課題として残りました。

② 2018年　知財戦略室とIPL活動始動

2017年7月に大手経済新聞に日本で初めてIPLの記事が掲載され，事業戦略に知財情報を活用していこうという機運が業界内に広がりました。旭化成においても，その少し前から知財情報活用の動きが活発化していました。

その後のIPLの全社への啓蒙活動はトップダウンで進められ，2018年度にはIPLを専任で行う「知財戦略室」が知的財産部内に発足しました。その際，旭化成におけるIPLの実施「目的」について，十分すぎるほど議論を重ねました。旭化成のIPLの実施目的は，ⅰ）事業を優位に導くため，ⅱ）新事業創出のため，ⅲ）事業判断のため，という3つを軸としています。

ⅰ）事業を優位に導くために

徹底した競合との情報比較分析（特許，ビジネス）を行うことにより，旭化成のコア価値の特定を行い，コア価値を高めるための事業戦略の提案を行います（**第8章16，18**参照）。

ⅱ）新事業創出のために

コア価値を活用した新事業創出のための新たなアイデアの創出をサポートします。ここでは新事業を創出するため，上述した戦略提案に加えて知財情報を活用したアイデア創出のための基盤も提供します（**第8章17**参照）。

ⅲ）事業判断のために

飛び地技術を獲得するためのM&A前の候補先企業の選定，さらには，M&A後の当社技術とのシナジー効果を浮き彫りにします。

2 デジタル展開期

デジタル展開期では，デジタル導入期に実施してきた成功事例を事業軸，地域軸で横展開していく活動に取り組みました。このころ，各事業部門が個々にDX推進組織を発足させ，徐々に現場での成果が出始めました。また，MI実践講座やパワーユーザー（PU）育成カリキュラムを整備し，実際に現場の担当者をOFF-JT，OJTの両面からサポートし，現場での研修実施を増やしました。同時に各部門で部長・事業部長クラスを含む成果発表会を開催し，デジタル活用に対する事業責任者の理解を深めることで，全社的な活動へと広げていったのです。

このころからキャリア採用も推進し，2019年10名，2020年9名，2021年17名，2022年35名と確実に優秀なエンジニアを増やすことで，取組みのスピードアップと質の高度化を図っています。

(1)　2019年のデジタル活用の課題

前述のとおり，旭化成は中期経営計画「Cs＋ for Tomorrow 2021」においてDXによる事業高度化を鮮明に打ち出しました。その具体的な取組みの柱は，デジタルマーケティングによる効果的かつ効率的な戦略構築，MIによる開発速度の劇的な向上，IoT活用による生産技術革新，IPLによる事業戦略構築の4つです。

また，この時にデジタルプロフェッショナル人材を2021年度末に150人以上の体制に強化することも打ち出していました。しかし，当時はDXを進めるにあたりいくつもの問題が存在しました。その詳細について以下で紹介します。

① 経営層へのDXのコンセプトの未浸透

当時も技術担当副社長をはじめとした一部の経営層はDXの取組みに遅れると、他社、特にグローバルカンパニーに駆逐されるのではないかとの危機感を持っていましたが、経営陣全体にDXの考え方が浸透しているとはいいがたい状況でした。

そのような状況を打破すべく、2019年度は経営層に対して、10回以上にわたり、DXの取組みについて説明を行いました。しかし、当時は社内のMIやIoTなどの現場の改善活動中心に説明を行っていたため、将来的な変化を抽象的にしか説明できず、DXのインパクトがあまり伝わりませんでした。

経営層への理解が浸透し始めたのは、2020年7月にIBMの執行役員CTOを退任した久世和資が旭化成に入社し、そのグローバルで豊富な経験が共有されてからのことです。

② AIなどのバズワードとITベンダーによるアプローチ

当時は、機械学習やCNN（畳み込みニューラルネットワーク）など深層学習のAIブームの真っ只中で、旭化成だけでなく、ITシステムのユーザー企業各社がDXに取り組み始めた時期です。豊富なデジタル人材を有し、「AI導入」を声高に掲げたSI（System Integrater）ベンダーによるユーザー企業への売込み合戦が始まりました。

一方、旭化成ではこれらの技術を開発・活用できる人材が、生産技術本部のデジタルイノベーションセンターなど一部の専門部署・組織に偏在しており、他の部署にはデジタル素養のある人材が少ない状況でした。

そのため、SIベンダーが製造所などに直接AI導入の提案を行い、多くの現場でPoC（Proof of Concept）が実施されましたが、ベンダーの提案するAI技術では、現場の要求するデータの精度を満たすことができず、実装には至りませんでした。また、AIの精度を向上させるためのデータラベルづけや、大量のデータの準備と評価に多くの時間と労力がかかることから、旭化成の現場でもPoCの取組みに疲れや抵抗感が生じました。この問題を解消するために、本社で各現場の情報を吸い上げ、一元管理しようという取組みが始まったのです。

③　内製志向の確立とエンジニアの採用加速

上記の問題を受け，社内での技術者の確保・育成の重要性が認識されました。例えば，若手のエンジニアたちはAI導入に積極的にチャレンジし，先端の技術論文を渉猟し，自らの知識を深めていくと同時に，現場でのAI実装に際してトライアンドエラーを繰り返し，AIを現場に適応させる技術力や実装力を身につけていったのです。

このほかに，製品の外観検査システム開発の領域では，ニューラルネットワークの活用が進みました。当初は社内にこの領域のエンジニアがおらず，ITベンダーのAI技術者の知見に依存して開発を進めていたものの，PoC段階でつまずくケースも散見されました。しかし，最終的には社内の若手エンジニアが研究を進め，先行論文を分析し，ツールの選定や教師データの構築などを行っていきました。その結果，人工腎臓，ハイポア，サランラップなど，複数の工場のテーマに取り組むことができ，実際に成果をあげることができたのです。

また，このころからIT・デジタル人材の採用マーケットが活性化し，旭化成も優秀なキャリア人材を採用できるようになりました。転職・入社の動機については，SIベンダーやコンサル企業ではシステム導入後の成果を直接感じることが難しいため，実際の成果を自ら体感し，新たな挑戦をする場として事業会社を選ぶといったケースが増えています。この結果，高いスキルを持つ多くの人材が入社しました。

こうして既存の旭化成のメンバーにキャリア採用のメンバーが加わることで，多様なスキルや知識を持つメンバーが互いに刺激を与え合う環境が整ってきたのです。

④　クラウド活用の加速

旭化成は2004年から旭化成ネットワークスというデータセンタービジネス会社を運営していますが，データセンター事業に取り組んでいるユーザー企業は多くはありません。旭化成ネットワークスは，旭化成グループだけでなく他社に向けてもサービスを提供しており，その安全性や堅牢性からシステムインテグレートの面で優れた特性を持っています。この旭化成ネットワークス設立当

初，旭化成は素材系製造業としての強みである製造レシピ等の情報が外部に漏れることを危惧し，このデータセンターを活用したオンプレミス環境でシステム構築することを想定していました。

　他方で，デジタル技術を活用した新しいビジネスでは，サービスがクラウド環境で実装されることが増えてきました。また，クラウド環境で稼働するアプリケーションが増加する状況に照らして，将来のデジタルビジネスの展開を考えると，クラウドシフトやSaaSシフトはもはや必然でした。

　そのような中で，2019年に発生した新型コロナウイルス感染症（COVID-19）の拡大により世界は大混乱となりました。IT・デジタル業界では，様々なニーズが発生し，技術革新が進み，現場業務の変革を起こすきっかけにもなりました。特に，世界的に都市部のロックダウンが実施され，日本においても，一部のエッセンシャルワーカーを除けば，ほぼ例外なくリモートワーク下での業務遂行（外出の自粛）を強いられることになりました。旭化成も，本社地区や間接部門は在宅勤務が原則となり，工場地区ではクラスター発生防止のため，出張者や外部の訪問者の場内受入れが禁止されました。

　リモートワークに移行した当初，旭化成はセキュリティ上，VPN経由で社内ネットワークに接続しないと業務ができない制約があり，VPNの通信量が容量の上限に達しパンクしてしまい，一部の業務が停止する事態が発生しました。しかし，数年前から業務アプリケーションのクラウド環境への移行を進めており，社内LANを経由せずにセキュアにインターネットから直接クラウドを利用するネットワーク構想を持っていたため，この構想を前倒しで実行しました。また，コロナ禍前の2018年から全社にOffice365の導入を進めていたこともあり，Outlook（メール）やTeams（Web会議をはじめとしたコラボレーションツール）を用いたコミュニケーションへの移行もスムーズに進みました。

　さらに，製造現場への立ち入り制限は，IoTツールやMIの活用を促進するきっかけにもなりました。例えば，スマートグラスは，生産現場での技術伝承ツールとしてテスト・評価を行っていた段階のものでしたが，遠隔での作業支援ツールとしての利用が急速に拡大しました。特に海外渡航が制限された際に，国外のプラントにおけるプラントの試運転や設備の交換などの保全業務に積極的に活用されました。

　そのほか，研究・開発分野においては，テスト装置が製造所内に設置されているため，実験を行うことができない状態となりました。そこで，研究所のメンバーは在宅勤務中に過去の実験データを整理し，そのデータをもとにMIを用いて新しいグレード品の開発に取り組みました。実際，ロックダウン解除後に，この期間にMIで開発されたレシピを実験設備で評価したところ，良好な結果が得られて新製品の上市に至った事例が複数存在します。

3　デジタル創造期　デジタルノーマルに向けての移行期間

　旭化成は2022年4月に2022年度から3年間の中期経営計画「Be a Trailblazer」（以下「新中計」）を発表しました。

　この新中計の中で，"持続可能な社会への貢献"と"持続的な企業価値向上"という2つの「サステナビリティ」の好循環を目指すとしています。グローバルにおいては国際協調体制のゆがみ，地政学的リスクの急拡大，環境問題に対する各国のスタンスの違い，また日本においても少子高齢化社会や都市部と地方の格差拡大等，社会課題は山積みであり，VUCA（Volatility, Uncertainty, Complexity, Ambiguity）の時代ともいわれています。このように環境の変化が大きく不確実性が高い状況では，スピード感を持って経営することが極めて重要になっています。

⑴　中期経営計画「Be a Trailblazer」の概要

　この新中計では2030年に向けて，社会が直面する課題に関し，**図表3－1**の5つの価値提供分野に注力して事業を展開することを掲げています。

　従来と比べ，産業間の垣根が低くなり，様々な業界で相互に関連し合う課題が生まれています。そのような中で，多様な事業を持つ旭化成は様々な課題に対して価値を提供することができることから，大きな事業機会を創出できる可能性があると考えています。そこで，2030年近傍には，営業利益4,000億円，ROE15％以上，ROIC10％以上を目指すことを表明しました。

　今回の新中計は2022年から2024年を，2030年近傍の目指す姿に向けたファー

ストステップの３年間と位置づけています。つまり，事業ポートフォリオ進化の観点から，次の成長事業への重点リソースの投入，成長投資の成果刈り取り，「戦略再構築事業」の改革を同時並行的に進め，加えて，2030年さらにはその先を見据えた「抜本的事業構造転換」に向けた検討にも着手します。

次の成長を牽引する事業として「10のGrowth Gears」（GG10）を掲げ，投資を集中します。「Growth Gears」という言葉には，旭化成の成長を回す「Gear」と，社会の変革を回していく「Gear」という２つの意味が込められています。GG10の具体的な事業は，「マテリアル」では水素関連，CO_2ケミストリー，セパレータを含む蓄エネルギー，自動車内装材，デジタル関連ソリューションの５つがあります。「住宅」では，北米・豪州住宅の展開に加えて，環境配慮型住宅・建材の２つ，「ヘルスケア」はクリティカルケア，グローバルスペシャリティファーマ，バイオプロセスの３つになります。以上を整理したものが**図表３－１**です。

図表３－１　旭化成の価値提供分野およびGG10

領域	価値提供分野	10のGrowth Gears（GG10）
マテリアル	Environment & Energy	水素関連
		CO_2ケミストリー
		蓄エネルギー
	Mobility	自動車内装材
	Life Material	デジタル関連ソリューション
住宅	Home & Living	北米・豪州住宅
		環境配慮型住宅・建材
ヘルスケア	Health Care	クリティカルケア
		グローバルスペシャリティファーマ
		バイオプロセス

「GG10」に関しては，M&Aの機会も積極的に模索し，大胆に投資を行う方針です。2021年時点での「GG10」事業の営業利益の合計は，本社費を除いた事業利益のうち35％程度にすぎませんが，2030年ごろにはその割合を７割以上に引き上げることを目指しています。

⑵ 「GDP」と無形資産の活用

　旭化成は事業領域が多岐にわたり，多彩な経験を持つ人材を擁しています。この多様な人材や知財，ノウハウ，データなどを有機的に結び付けてグループ共有の無形資産として活用し，経営基盤を強化する活動が活発化しはじめています。新中計ではG（グリーントランスフォーメーション），D（デジタルトランスフォーメーション），P（「人材」のトランスフォーメーション）の視点に加えて，無形資産の最大活用を重要テーマと掲げ，各種の施策を着実に進展させていくことを計画しています。

①　無形資産の最大活用

　旭化成は3領域にまたがり，人材，コア技術，マーケティングチャネル等の多様な無形資産を持ち，活用できることが強みであり，デジタルを活用しこれらの無形資産を最大限に「Connect」させることによって，戦略構築や新事業の創出を推進していきます。例えば，モビリティ分野のマーケティング活動においては，自動車の付加価値向上につながる多様な技術・製品を多く有しています。その技術・製品を，各事業が培ってきた自動車メーカーとのネットワークや蓄積してきたマーケティングデータを活用することにより「オール旭化成」として提供したいと考えています。そこで，主要顧客別にキーアカウントマネージャー制度を導入し，欧州，米国で自動車メーカーとパートナーシップを組み「オール旭化成」の取組みを進めています。

　また，IPLを活用し様々な事業戦略を推進してきました。2022年4月に多様な社内外の無形資産をフル活用することで，戦略構築や新事業創出を目指すことを目的として「知財インテリジェント室」を設置しました。IPLを活用したビジネスモデルにとどまらず，エマージェンシー技術の活用など高度な取組みも推進しています。

②　GX：Green Transformation

　旭化成は，「自社の事業活動に伴うGHG排出量削減」に関して，2050年にカーボンニュートラル（実質排出ゼロ）を目指すとしています。この実現に際して

は時間軸を2つに分けており，2030年までをファーストステップとし，既存技術を中心として2013年度比30％以上の削減を目指しています。さらに2050年に向けては，セカンドステップとして，新たな技術を中心とする削減に取り組んでいきます。

　旭化成は，この「自社の事業活動に伴うGHG排出量削減」と「事業／技術による社会のGHG排出量削減への貢献」の両面で，気候変動問題に取り組んでいます。後者の「社会のGHG排出量削減」については，製品のライフサイクル全体での環境負荷低減や，新たな事業／技術による貢献を通じて，2030年に向けての目標は，GHG削減貢献量を現在の2倍以上にすること，そして環境貢献製品の売上高比率について，ヘルスケア領域を除く全社売上高の約50％まで向上させることを計画しています。

　目標達成に向けGHG削減を加速させるための仕組みの整備も進めています。GHG削減プロジェクトの推進，カーボンフットプリントのダッシュボード活用，ルール形成力強化，インターナルカーボンプライシングの運用，社内の表彰制度への織り込み等を進めており，脱炭素関連投資も2024年までに約600億円を計画しています。また，ライフサイクル全体を通して製品の環境影響を評価する手法であるLCA（Life Cycle Assessment）視点でのGHG削減の取組みも加速してきました。

　このほか，デジタルの視点では，さらに新しいテーマとして，「資源循環社会の実現に向けたデジタルプラットフォーム構築プロジェクト」BLUE Plasticsなどへも積極的に挑戦しています。

③　DX：Digital Transformation

　旭化成は，デジタルの力で多様な資産を最大限に活用し，ビジネスモデルを最速で変えていくことを目指しています。2022年からはグループが有する多様なデータを統合したデータマネジメント基盤を土台とし，「ビジネスモデルの変革」，「経営の高度化」，そしてそれを支える「デジタル基盤強化」の3つに取り組んでいます（図表3－2）。

　また，新中計期間におけるグループ全体のKPI（2024年度目標）として「DX-Challenge 10-10-100」を設定しました（図表3－3）。

図表3−2　デジタル創造期における3つの柱

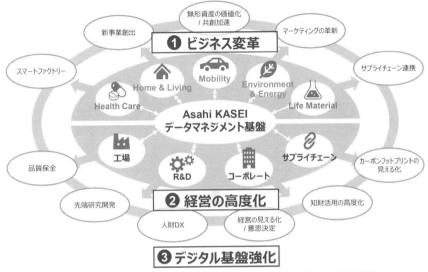

（出所：旭化成㈱「中期経営計画　2024 〜Be a Trailblazer〜」）

図表3−3　KPI（2024年度目標）DX-Challenge 10-10-100

デジタルプロ人財 **10倍**	グローバル全従業員のうち 2,500名程度を デジタルプロ人財に （2021年比　10倍）
デジタルデータ活用量 **10倍**	グループ全体の デジタルデータ活用量を10倍に （2021年比）
重点テーマ増益貢献 **100億円**	通常活動の利益貢献に加え、 選定した重点テーマで100億円 の増益貢献 （2024年度までの3年累計）

（出所：旭化成㈱「中期経営計画　2024 〜Be a Trailblazer〜」）

　最初の「10」は，デジタルプロ人材を2021年比10倍にするということで，DXの中核となるプロ人材について2,500名という目標を掲げて育成，獲得していきます。次の「10」は，グループ全体のデジタルデータ活用量を2021年比10倍にするということです。最後の「100」は，グループ内で設定したDX重点テーマでの増益貢献として100億円を目指すことを指しています。

　この取組みの内容については，次項(3)で詳しく述べていきます。

④　PX : People Transformation

　新中計に提示されている戦略を実行できるかどうかは，ひとえに人材にかかっています。VUCAといわれるほど将来を見通すことが困難な時代ですので，これまで以上に，「経営戦略」とそれを正しく理解し推進する「人材戦略」の連動が極めて重要になってきています。旭化成これまでも"人は財産，すべては「人」から"という基本方針のもとで人材戦略を推進してきました。今後，旭化成が環境の変化とグローバルな競争の中で勝ち残っていくためには，2つの視点が重要になると考えています。

　1つ目は，従業員1人ひとりが挑戦し，成長を続けることです。旭化成ではこれを「終身成長」と呼んでいますが，1人ひとりが自分のキャリアを自ら描き，成長に向けた学び・挑戦を進めること，そして，リーダーは個とチームの力を最大限引き出せるようマネジメント力を強化していくことで，組織も個人も成長することを目指しています。

　2つ目は，グループの多様性を活かして共にビジネスを創っていく「共創力」を高めることです。多様性を「広げる」ための視点と，多様性を「つなげる」視点が重要と考えています。新中計では具体的施策についてKPIを設定して実行するとしており，こうした取組みを通じ，従業員のWell-beingと働きがい向上，そしてグループの競争力向上の両輪を回していきます。

　終身成長については，2022年度からシステム導入を図り，新中計に向け計画を加速していました。

ⅰ）キャリアマネジメントシステムCaMP（CareerManagementPlace）

このシステムはいわゆるタレントマネジメントシステムと呼ばれるもので，従業員のキャリア希望や専門性，経験値などの人材情報を一元管理したうえで，最適な人事配置や人材開発を行えるプラットフォームであり，2022年6月に稼働しました。

ⅱ）学びのプラットフォームCLAP（Co-learningAdventurePlace）

CLAPは，社内外のコンテンツを従業員がそれぞれの関心・ニーズに合わせて利用できる旭化成独自のe-Learningシステムです。自分の目指すキャリアに向けて自ら学び，時に仲間と学び，上司に支援をしてもらいながら仕事でその学びを実践し成果を出し，仲間と相互に応援しながら楽しみながら学ぶというコンセプトで展開されており，旭化成で重要な終身成長につながるための仕組みとして位置づけられています。

2022年度の始動時点でも社外コンテンツ（オンライン研修「Schoo for Business」や「テンミニッツTV」など）をメインに12,000を超える豊富な教材を準備し，従業員がいつでも学べる環境を整備しました。

(3)　「デジタル創造期」におけるDXの取組み詳細

前述3(2)のように，新中計では「GDP」と無形資産の活用を重要テーマとして取り組むことが明確に打ち出されています。「GDP」の中でもDXに関しては，本章冒頭でも紹介したデジタル活用のロードマップによれば，まさにこの2022年度から2023年度が「創造期」に当たる重要な活動時期となっています。

ここでは，3つの基盤「ビジネス変革」「経営の高度化」「デジタル基盤強化」およびKPIであるDX-Challenge10-10-100について具体的に説明していきます。

①　DXを進める3つの基盤

ⅰ）ビジネス変革

旭化成のビジネスを変革する活動はまさにDXの目的そのものであるといえます。ここで，私たちが推進する変革の具体的な事例をいくつか紹介します。まずはDXのためのアプローチ手法兼支援プログラムである「旭化成Garage」

によって顧客価値や顧客価値を徹底的に見直しています。これはデザイン思考とアジャイル開発を組み合わせたアプローチで，とにかく品質が良く高機能なものを作るという伝統的な開発スタイルではなく，顧客の単純なニーズだけではなく，きちんとペルソナを設定し，どうすれば顧客に新たな価値や体験を提供できるかといった観点から，新たなビジネスモデルを開発しています。一例として，イオン交換膜事業向けに遠隔監視支援を行うことができるスマート（デバイスを活用した）電解槽の開発が挙げられます。

また，マーケティング面でも様々な施策を講じています。例えば，Salesforceを活用して情報を共有し，新たな顧客を創出するとともに，Webマーケティングを通じて顧客との接点を増やす試みを行っています。特にWebマーケティングについては，コロナ禍で顧客との直接的な接触が激減したこともあり，単にホームページで情報を提供するだけでなく，Web展示場での動的な情報提供や動線解析等に基づいて顧客との接点を増やす取組みを行っています。

さらにGG10での新事業（**図表3－1参照**）に対しても，デジタル技術を取り入れ付加価値を高める活動を展開しています。例えば，アルカリ水電解装置を用いた水素製造プロセスにおいては，デジタルツイン技術を導入しています。これにより，リモート監視だけでなく，運転条件を最適化するなど新たなサービス（顧客体験）を提供しています。

ⅱ）経営の高度化

迅速な経営の意思決定のためには，経営情報の見える化が不可欠です。旭化成グループは，データドリブン経営の実現に向けて，全社，事業本部・事業会社，事業部レベルでの経営ダッシュボードの構築を進めています。

また，GXの取組みとも連動して，各製品および事業のカーボンフットプリント（CFP）算出システムの構築も進行中です。2022年度にはすでに，合成ゴム・エラストマー，機能材料，アクリロニトリル（AN）などのCFP算出システムが稼働し，顧客へのデータ提供も始まっています。個別システムの乱立を避けるため，デジタル共創本部が主体となり関連部署と共同でCFP算出システムを開発し，2023年度に運用を開始しました。

研究・開発の高度化の一環として，新製品の迅速な開発を実現するため，「ス

マートラボ」の開発・活用も進めています。これは，人の数十倍の速さで自動的に合成や評価・分析を行うことができる装置と最適な条件を自動探索するMIシステムを組み合わせたものです。

ⅲ）デジタル基盤強化

　デジタル基盤の強化の取組みについては，主にデジタル人材の育成・獲得とデータ活用を推進するためのプラットフォーム構築が挙げられます。

　旭化成では後述するオープンバッジシステムにより，全従業員のデジタルスキル向上とプロフェッショナル人材の育成を推進しています。オープンバッジのカリキュラムは，デジタル共創本部のメンバーが試行錯誤しながら独自に開発したものです。一部社外のカリキュラムを取り入れてはいるものの，その多くを内製化していることから，日常の業務と親和性のある内容となり，従業員にとっても理解しやすいものになっています。デジタル技術は日々進歩しているため，教材の更新も含めてカリキュラムの内容を随時見直す必要があるなど，今後のメンテナンスも大事な課題となっています。

　現場業務の高度化やプロフェショナル人材の育成を実現していくためには，データ活用のための基盤構築が不可欠です。そこで，旭化成は，「DEEP（Data Exploration and Exchange Pipeline）」という全社のデータマネジメント基盤を導入し，グループ内外のデータの連携やデータ資産の活用を促進しています。

　研究・開発分野では「DPF」，生産分野では「IPF」というプラットフォームを構築し，積極的に活用しています。

　さらに，グループ全従業員が当たり前にデジタル技術を活用する「デジタルノーマル」を目指し，社内のDXコミュニティ活動も推進しています。旭化成には，「CLIC」（デジタルで実現したいことを発見・情報提供するサイト），「Clovers」（データ分析・統計解析を活用する人材講習の場），「IFX-Hub」（MI学習・実践のプラットフォーム）といった様々なコミュニティが存在し，従業員同士のコミュニケーションや問題解決のツールとして，活発に運用されています。

② DX-Challenge 10-10-100

ⅰ）デジタルプロ人材10倍

2019年に策定された中期経営計画「Cs＋for Tomorrow 2021」では，2021年度末までにデジタルプロ人材を当初目標150名以上だったのを230名に拡充するという目標を立て，予定どおり達成することができました。新中計では，グローバル全従業員を対象に，その約10倍に当たる2,500人程度にまで増やすというKPIを設定しています。デジタルプロ人材の定義は，①オープンバッジレベル４，５同等（**第6章を参照**）のスキルを有する者，もしくは②高度専門職としています。旭化成では前述のように全従業員が当たり前にデジタル技術を使いこなせる「デジタルノーマル」を目指していますが，その中でも高度なデジタル技術を駆使して，現場の業務改革や組織風土改革を推進する人材も不可欠です。デジタルプロ人材の増加によって明らかに組織風土改革が進捗している部署もあります。今後は，それが事業利益に貢献することが期待されています。

ⅱ）デジタルデータ活用量10倍

DXで重要なことはデジタルのツール導入ではありません。社内外のデータを活用し，データドリブン経営を実践すること，さらには新たなサービスを創出することが重要です。データ活用の進捗を評価するためのKPIとして，データ活用量を設定しています。

データ活用に関しては例えばコミュニティの活性度も重要であり，それにより組織を超えた交流が進むことで，事業間のシナジーが生まれると考えています。前述のプラットフォーム活用量やコミュニティの活用量を全社のデータ活用量として監視しています。

ⅲ）重点テーマ増益貢献　100億円

DX推進の活動を最終的に収益につなげることができなければ意味がありません。デジタル共創本部では，グループ内の様々なテーマを一元的に把握し，それらのテーマが生み出す貢献利益も確認しています。テーマは，既存事業の強化，事業変革・新規事業，経営基盤の強化などから生み出されるもので，この100億円という目標値は，2024年度までの３年間の累計で計算することとし

ています。

　これらの「DX-Challenge 10-10-100」で示したチャレンジングなKPIに関して，2022年度終了時点では順調に進行しています。

 4　デジタルノーマル期

　「各事業に加えて旭化成グループ全体の経営におけるデジタルトランスフォーメーションを定着させること」は，デジタル共創本部のミッションの1つです。その実現には，すべての従業員が当たり前にデジタル技術を活用できるようになることが必要だと考えています。それを達成できてはじめて，「デジタルノーマル期」が到来したといえるでしょう。この章で触れた多くの施策は，このデジタルノーマル期を実現するためのものです。しかし，いざデジタルノーマル期が到来した場合に，旭化成がどう変わるのか，その中でデジタル共創本部はどのような役割を担うべきなのかという方向性を描いておくことも大事なことだと考えています。

　旭化成は2022年に100周年を迎えました。この記念すべき年に発表した新中計において，次の100年に向けて，「Be a Trailblazer」と掲げたように，創業時の開拓者精神をもって新たな100年，新しい道を切り拓くことを宣言しました。

　この新しい挑戦において，「カーボンニュートラルな循環型社会」「安全・快適・エコなモビリティ社会」「より快適・便利なくらし」「人生を豊かにする住まい・街」「いきいきとした健康長寿社会」の実現を目指します。これらの目標の実現には，デジタル技術を最大限の活用が不可欠です。旭化成のデジタル関係者は一丸となって，新たな100年を切り拓いていく覚悟があります。

　また，旭化成のDXロードマップでは2025年にはデジタルノーマル期に入ると位置づけ，**図表3－4**のような日常が社内で実現されていることをイメージしています。

図表3－4　デジタルノーマル期の日常
・デジタルという言葉を意識せずに日々の業務が行われている
・デジタル技術活用が身についており，誰もが自分の業務を見直し，改善を行えている
・データに基づく意思決定が当然のこととして行われている
・データを介して地理的・業界的な境界のない世界を前提としたビジネスが行われている
・データを核にした新しいビジネスが創出されている
・他社とのエコシステムが当然のこととして行われている
・デジタル基軸の教育などが企業間の境界を越えて行われている
・デジタルネイティブ世代が各自のパフォーマンスを発揮している
・アジャイルな考え方，行動が習慣化され変化に対応できるスピード感ある経営が行われている。

　言葉にすると，どの会社も目指している姿は同じなのではないでしょうか。ただ，多角化により多様な事業観・価値観を内包する旭化成がこれを実現していくためには，デジタル技術・リテラシーの浸透に加え，人・風土の改革が不可欠です。この章で紹介してきたDXの取組みにより実現してきた小さなトランスフォーメーションや風土の改善を，グループ全体のムーブメントにしていくことが重要です。改めて，グループ全体で，人・風土・データの三位一体の活動を続けていくことが，大事なポイントだと考えています。

　また，デジタルノーマル期には，AIの普及やローコード・ノーコードツールの進化が期待されます。本章執筆時点でもChatGPTなどの生成AIが注目されていますが，今後はさらに進化した信頼性の高いソリューションが登場することも期待されます。

　そのような中で，デジタル共創本部のような，デジタル技術の専門組織が今後どうあるべきかについても，議論が始まっています。いずれにせよ，旭化成という母体の中の専門組織ですので，デジタル技術・活用の社内コンサルタントとして，新しい技術を安心安全に使える環境整備，新しい技術を導入するために必要となるスキル・知識の修得を継続しなければなりません。デジタル技術の知見だけではなく，事業や経営についても，社内のステークホルダーと同じレベルで議論できるように，メンバーの質を高めていく必要があるのではないかと考えています。

第 4 章

旭化成DXの歴史

1 IT領域の歴史

(1) 旭化成の情報システム部門の黎明期からIT革命前夜まで

　旭化成の情報システムの歴史は，1950年代に遡ります。1952年に東京管理部（現在の経理・財務部に相当）が操業管理や給与計算の自動化など，科学的管理法の導入による経営の合理化・近代化を目指し，IBM統計機械の導入を調査開始し，翌年延岡にIBM検討本部を設置しました。1954年に設置した「延岡工場・本部IBM」が，現在のIT統括部の起源となっています。

　1955年4月には本部IBMの建屋が完成し，9月に電子計算機本体も設置されシステム運用が始まりました。1988年にシステム組織の創設20周年に編纂された社内資料の「システム管理部20年史」によれば，1954年の発足時の部員数は7名，実際の運用が本格化していく中で1959年にはデータ入力のパンチカード入力要員も含めて87名まで増えたとされています。当時の状況について，発足当初のメンバーは「ユーザー側はコードの不慣れや機械化の知識不足で，また，システム側も熟練度不足で大変な苦労をした」と語っています。

　その後，1956年の本部IBM設立以降の経験を反省し，旧来の手作業をそのままシステム化するだけでは，システムの利点が十分に発揮しにくいとの認識が深まりました。そのため，システムと手作業の接合点を減らして，効率化を進めるといった提案がなされました。こうした提案をもとに，それまでの人事・会計システムに加え，製造・物流・購買・技術計算までを視野に入れた，本格的なシステム部門構想が持ち上がり，要員も一気に増え，1967年には230名を超えました。まさに，コンピュータリゼーションの時代の到来を予感させる動きでした。

　また，パンチ入力業務などの運用に時間と人手を要していたため，一部の業務を外注化しました。1967年には「システム管理部」として再編され，コンピューターの性能が進化する70年代半ばまでには社員・外注合わせ300名規模の組織となりました。この時期，ICチップ（LSI，半導体集積回路）が開発され，

コンピューターの性能も飛躍的に上がりました。これにより，システム業界ではハードウェア中心のビジネススタイルから，ハードウェアへの依存性が低いソフトウェアへのシフトが進んでおり，ユーザー企業での大規模システムの開発とそれに伴う保守運用部隊の充実・高度化が重要な経営課題となりました。

1980年代には世を上げてVAN（Value-Added Network）構想の機運が高まりましたが，旭化成では，それに先駆け1970年代には企業内のシステムデータ通信網ACT（Automatic Controlled Telecommunication systemの略）を構築・運用していました。1975年には，このACTが通商産業省（現在の経済産業省）から「優秀システム」として大臣表彰を受けるなど，先進的な挑戦が評価されました。

1980年代に入ると，工場の操業管理システムを水島地区，富士地区へと展開します。加速度的に増えるシステム業務と専門的な保守運用要員の確保・育成に対処するため，1987年に，旭化成情報システム株式会社を設立し，情報システム部門のほぼ全機能を新会社に移管しました。

この時代はまだ，事務系・バックオフィス系の業務効率化を目的としたシステムが中心でしたが，アパレル分野のCAD（Computer Aided Design）などの製品開発にも取り組みました。さらにホストコンピューターの余力（未使用部分）を活用して，ACTによる中小企業向けのデータ収集・事務分析調査や，医療費請求事務システムなどの外販事業も展開しました。

また，1988年には米国にステラ・コンピューター社のグラフィック・スーパーコンピューターの販売契約を結び，旭テクノコンピュータを設立しコンピューターシステム事業そのものにも本格的に参入しました。また，外販を目的に1990年7月には分子軌道法計算プログラム（スパルタン）を，8月には医療用画像ソフト（Dr. View）などのシミュレーションソフトを開発しました。しかし，残念ながらこの事業はステラ社が競合でもある米国アーデント社と合併し，その筆頭株主である他の日系企業の支配下に置かれることとなってしまったため，運営が難しくなりました。1990年9月末に解散し，Dr. Viewの事業は旭化成情報システムに移管されることになりました。1990年代は，日本でもシステム産業が勃興し，人材獲得競争が激化し，情報子会社化やシステム開発・運用の外注（BPO）化を進める会社が出始めた時期でもありました。

この時代は，表計算ソフトやワードプロセッサーの個人利用も始まり，情報

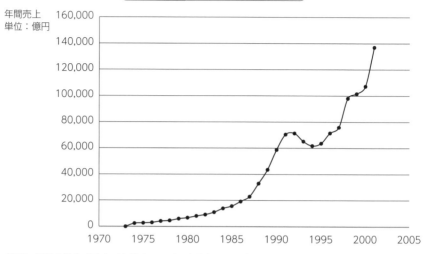

図表4－1 情報サービス業の勃興

年間売上
単位：億円

(出所：経済産業省「平成13年特定サービス産業実態調査」)

システム部門の業務に一般従業員に対するPCの普及活動やアプリケーション
の利用教育なども加わりました。これまでシステムのユーザー・直接の関係者
は一部の従業員に限られていましたが，役員から派遣社員，業務委託先まで，
一気に広がりました。1983年には「OA推進担当」を設置し，全社的なOA化
に着手しました。

(2)　IT革命と情報システム子会社の分離

　1990年代に入りオープンシステムが流行すると，ダウンサイジング（脱汎用
機［メインフレーム]）が始まり，ソフトが主役になりました。さらに，Win-
dows3.1の登場でオフィスユースのPCも普及し始めると，それまでメインフ
レームを使い専門部隊でないと取り組めなかった情報管理や予算管理，経営分
析などの業務に，従業員誰もが取り組めるようになったのです。さらに，1995
年のWindows95登場により，電子メールがビジネスの必須アイテムとなり，
旭化成でも1997年にコーポレートメールアドレスが全従業員に配付されました。
　かつて企業の情報システム部門は，一定のシステムリテラシーを持ち，業務
に精通した社員を対象にシステムを開発し，自ら作成したシステムの保守運用

を行っていました。しかし，ITの進化とともに，初めてPCを触るような，必ずしもシステムリテラシーが高くない従業員も，情報システム部門のサポート対象となると同時に，第三者が開発したシステムの評価・導入も守備範囲となったのです。以前であれば，LAN（Local Area Network）の構築支援までが主な業務でしたが，企業グループ全体の広域ネットワーク（WAN，Wide Area Network）の設計・運用や，外部インターネットとの接続も担うなど，その業務範囲は大きく拡大していきました。

　このような中，旭化成は，決算の早期化・グループ経営の強化を目的として，2000年からグローバルスタンダードのパッケージERP・基幹システムを導入に着手しました。2003年には純粋持株会社制への移行を進める中で，「分社化システムProject」と称して，独SAP社のR/3を基幹システムとして導入しました。

　当時の経営陣は，このプロジェクトが完了すれば，企業グループ内でのシステム開発部門の役割は縮小すると考えており，旭化成情報システムの安定的な業務量の確保や，（技術的な観点から）外部のシステム専業企業との競争は難しいと判断し，2005年に旭化成情報システムの株式の51％をTIS株式会社に譲渡しました。これにより，旭化成情報システムは「AJS株式会社」と改称し，TISのグループ会社となりました。それでも，旭化成グループの実質的な子会社として，化学メーカー系の多角化企業ならではの特色を活かしたIT企業としての活動を継続しています。

　この時期はITビジネス，ネットビジネスが勃興した頃でもあり，旭化成もいくつかの事業に挑戦しました。その中の1つでもある旭化成ネットワークスが，現在でもデータセンター事業を中心にグループ外部向けのビジネスを展開しています。

⑶　基幹システム更新と経営体制変革

　2005年当時，基幹システムの課題はほぼ解消されたとの認識から，上述のとおり，AJSを連結子会社から切り離しました。旭化成グループ内のIT体制は，持株会社（旭化成）にシステム企画に特化した情報システム部（10名程度）を置き，持株会社傘下の旭化成ケミカルズ・旭化成ライフ＆リビング・旭化成せんい・旭化成エレクトロニクス・旭化成ファーマ・旭化成建材・旭化成ホーム

ズの７つの事業会社に，事業システムの企画・（一部）運用部隊を各数名程度配置する形で出発することになったのです。

また，これらの事業会社の子会社のシステムは，主に事業会社が支援していく体制となっていました。上述のとおり，AJSは変わらず，旭化成グループの業務を理解しており，実質的に情報システム子会社として機能していたので，当初は大きな問題もなく業務が進行していました。

2009年には，旭化成ケミカルズ・旭化成エレクトロニクス・持株会社の電子材料事業部門を統合し，旭化成イーマテリアルズを設立しました。また，旭化成メディカルと旭化成クラレメディカルの統合も行っています。この組織変更にあたり，問題になったのがSAPのシステムです。これらの事業会社のSAPのシステムは単一の事業会社（法人）を前提として作られており，複数の事業会社（法人）に分割することは困難だったのです。

この時点では，事業会社各社とAJSに，業務に精通した人材が少なからず在籍していたこともあって何とか統合を成し遂げることができましたが，同時に，大きな課題を抱えていることもわかったのです。それは，システム化された１つひとつの実務がどのように関係しているのか，業務の全体像のわかる人材が高齢化していること，AJSがTISグループに移管されてから10年以上が経ち，徐々にシステムの詳細を理解する人材が，中堅から定年が視野に入る時期になったことといった人材育成の問題でした。そのため，次回の大きな基幹システムの更新が必要となる時期に向けて，いかに体制・ノウハウの伝承を進めていくかが大きな課題になったのです。

また，旭化成は社会の変化に対応した事業・経営体制を実現してきた柔軟性を強みとしており，今後の経営体制の変更にも柔軟に対応しうる基幹システムへの再構築が必要であると考えていました。それが，経営に資するIT部門への道であると認識していたからです。

特に，SAP R/3のR4.6のサポート終了を機に，従来の財務会計領域以外のシステムについては，各事業の特性に応じた個別最適システムの集合体から，販売物流・原価計算なども含め統一されたシステム構造への移行を2010年から2015年の３期に分けて推進しました（「Next Project」）。これにより，スピーディーな経営体制への変革を目指したのです。

　2016年には，製品単位で事業戦略を推進する体制から，価値提供分野におい
て総合力を発揮し，新事業創出のスピードアップを実現する体制への変革を進
めるために，持株会社に旭化成ケミカルズ・旭化成せんい・旭化成イーマテリ
アルズを吸収合併し，純粋持株会社制から事業持株会社制に戻しました。この
体制変更を発表してから１年後には，現在の経営体制に適応したシステムへ移
行することができました（「START Project」）。Next Projectでの積み重ねが
なければ，到底１年間という時間軸での実現は成しえなかったと考えています。

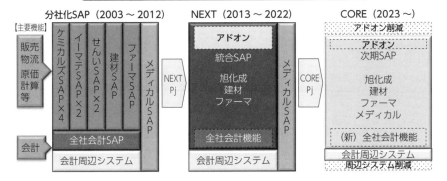

図表４－２　基幹システムの変遷とCORE-Pjで目指す姿

　このプロジェクトには，「分社化システムProject」参加のシステムメンバー
が多く参加していました。事業会社側でも，その当時中堅だった社員が，現在
はシステム分野の幹部社員として活躍しています。このプロジェクト自体は課
題を抱えながらも達成することができましたが，ここでも前回のプロジェクト
と同様の懸念が再び浮上しています。つまり，ECC6.0のサポート切れになる
「SAP2025年問題」（注：その後2027年末に延長されている）への対応です。その頃
には，SAP導入当初の経緯や業務内容に精通したメンバーは，定年となってい
ることから，業務の標準化やシステムの軽量化が重要課題となることが予見さ
れたのです。
　しかし，経営体制の変更はこれで終わりではありません。今後もその時々の
経済環境に応じて見直す必要があります。さらに，AIブームも相まって，デー
タの流通・利活用の重要性が高まっています。そうした背景の中で，旭化成グ

ループ内のITの体制強化の必要性が再認識され，持株会社に統合された３社のIT要員を情報システム部に集約し，IT統括部として再出発することにしたのです。

⑷　グローバル化対応とセキュリティ

　話が前後しますが，2012年に旭化成はアメリカの除細動器（AED）を中心とした救命救急機器メーカーである，ZOLL社を買収し，日本以外が主戦場の成長エンジンとなる大型事業会社を傘下に入れることとなりました（**第1章 4** ⑶「旭化成のM&A」参照）。旭化成にとって，初めての海外大型M&Aであり，IT面の統合をいかに進めるかが経営課題となりました。

　それまでも，国外で小規模なM&Aを行ったり，事業部門が自力で海外展開し国外関係会社を設立するといったことがありましたが，純粋持株会社制への移行時には自立経営の方針が採用され，関係会社に対するITガバナンス，サービスの統制は十分に行われていませんでした。そのような背景もあり，結果的にはZOLL社の経営の独自性を尊重するグループ経営方針が採用され，旭化成とZOLL社のセキュリティポリシーとレベルを統一するなど，最低限のIT体制の統合に留まりました。

　ZOLL社の買収から３年後，旭化成は再度大型のM&Aを実施することになります。当時リチウムイオン電池セパレータのトップメーカーでもあるPolypore社を買収したのです（**第1章 4** ⑶「旭化成のM&A」参照）。ZOLL社と異なり，旭化成と同じ事業を展開しているPolypore社の買収に際しては，新しいITのアプローチが求められました。日本の関係者とPolypore社との適示・円滑な情報の共有が必要であり，そのうえ，Polypore社自体が欧米やアジアなど多極で事業展開していたため，これをどうサポート・管理していくかが大きな課題となったのです。

　幸運なことに，Polypore社のグローバルITオペレーションは先進的で，旭化成よりも高度な部分もありました。そこで，両社の良い面を組み合わせることで，それまで事業会社各社の力量に任せてきたIT体制を１つのポリシーのもとに統一することができ，旭化成のグローバルITオペレーションのスキルやサービスのレベルを大幅に向上させることができたのです。この結果，海外

の主要な関係会社は，1つのWAN（Wide Area Network），同じセキュリティレベルの中で，共通のPC，グループウェアを利用する体制が確立されています。

　おりしも，グローバルなサイバー攻撃の問題が注目されていた時期で，旭化成も国内の基幹システムや工場系システムの接続制御を強化しました。従来の強力なファイヤーウォールによる境界防御型の仕組みから，一部の端末・システムが攻撃を受けた場合でも，グループ全体への被害の拡大を防ぐゼロトラスト型の体制への移行を開始しました。

　このように，事業運営の安全性確保の面はもちろんのこと，グローバルオペレーションの面でも大きく成長を始めた時期でもありました。例えば，米州・中国・ASEAN・欧州の各地域統括会社には，地域サポートを提供するとともにIT統括部との一体的な運営を遂行するIT責任者を配置し，グローバルオペレーションが進展しています。2022年現在，ASEAN・欧州では，日本からの駐在員がITリーダーを務めていますが，近い将来，各地域のビジネススタイル・文化に精通した現地の人材を配置することを目指しています。

(5)　DXブームの中で

　2018年に経済産業省が「DXレポート」を公表し，さらに2020年初頭からコロナ禍によりテレワークが急速に普及したことから，情報システム部門への期待はかつてないほど高まり，多くの企業でその存在感が増していました。旭化成でもそれは例外ではありませんでした。

　旭化成は，他の国内企業に先駆けて，2018年にはWeb会議システムの普及活動に着手しました。また，上司の出張時対応や資料管理の利便性を考慮して，稟議や署名のワークフローシステムも導入していたため，テレワークや働き方改革への対応を比較的スムーズに進めることができました。

　START Project終結直後の2018年には，次期基幹システムの検討が始まりました。経済産業省は「DXレポート」の中で，今のホストコンピューターを活用したシステム構造のままでは2025年には12兆円の経済損失が発生すると警告し，日本の企業競争力の再構築のためデジタルによる経営変革（DX）が必要であるとし，これをきっかけとしていわゆるDXブームが始まります。

　旭化成でも，NEXT projectで社内専用クラウドを活用していましたが，

「2025年の壁」問題に早期に対処するため，新基幹システムへの移行が必要になりました。この移行にあたっては，デジタルデータをグループ内で広く簡単に利用できるようにする必要があることから，次の4点を大きな柱として，SAP S4/HANAへの移行を2018年末に機関決定しています。

- IaaSに本格移行すること
- 業務の標準化により，システムのシンプル化を進めること
- 2000年以来刷新していない経理財務関連のシステムを刷新すること
- 旭化成メディカルのシステムを旭化成のシステムに統合すること

　実際に，2023年度からの移行を目指して「CORE Project」としてプロジェクトを開始しました。

　「CORE Project」では，世界中の企業でS4/HANAへの移行が進行中であり，人手の確保が難しい状況でした。さらに，2020年春からのコロナ禍によるテレワーク主体の働き方への移行は，情報共有やトラブル対応等において，従来のノウハウが十分に活用できないという新たな難しさをもたらしたのです。

　そんな中，2022年4月には，事業持株会社内部の大きな組織体制の変更があり，それに伴うシステムの移行が短期間（半年強）で求められました。この変更は，CORE Projectの進行にも少なからぬ影響を及ぼしましたが，肝心の組織体制変更自体についても，システム変更・移行上の問題により経営ニーズに完全には対応できなかったという反省が残りました。

　コロナ禍の中，リモートでの大規模プロジェクトとなり難航したものの，CORE Projectも予定どおり完了しました。今後は，業務のさらなる標準化を進め，基幹システム自体も容易に構築でき，事業や組織の変革・再編に柔軟に対応できる構造にすることを目指しています。また，開発・運用の効率化のため，極力人間への依存度を下げるという方針で検討を進めています。

　また，「データドリブン経営」が経営のキーワードとなっています。旭化成のIT部門でも，これにどう対応していくか，検討を進めています。多様な事業を持つ強みを活かし，異なる事業や地区ごとに個別システムが存在することをデメリットではなくメリットとすべく，それらの多様なシステムのデータを必要な時に必要な人が利活用できる基盤の構築に取り組んでいます。実際に，

図表４－３　データマネジメント基盤「DEEP」

データマネジメント基盤「DEEP」を開発し，2022年に運用を開始，これが旭化成のDXの土台となりました。

　事業に直結するシステムについては，すでにインフォマティクス推進センターやスマートファクトリー推進センターが取り組んでいたので，情報システム部門としてはRPA（ロボティクス・プロセス・オートメーション）の導入，PCの稼働状況の分析を通じた効率的な働き方の提案や会議の効率化支援などを行うサポートシステムの開発（内製化）にも挑戦しています。

　また，たびたび言及していますが，コロナ禍に伴うテレワークの急速な普及により，コミュニケーションの質の維持は旭化成にとっても大きな課題となりました。幸い，2018年には日本企業としては早い段階でWeb会議システムやグループウェアの導入（全社への活用促進活動を含む）や，同年の本社移転を契機としたペーパーレス稟議システム・電子捺印システムの部分的な導入を行っていたため，基本的な機能の準備は整っていました。とはいえ，国内２万７千人が同時にWeb会議システムを利用することを前提にしたインフラは整っておらず，特に2020年の４，５月の決算期をどう乗り切るかや，FAXを前提とした物流業務をいかに遂行していくかなど，大変な苦労がありました。

図表4－4 デジタル化とゼロトラストを見据えた旭化成の次世代型WAN環境

テレワーク用に社内ネットワークにリモートアクセスするためのVPNの回線割当てをやりくりするなど一時しのぎをしつつ，通信企業に回線増強を依頼しました。もっとも日本中の会社が同じような状況であり，同様の依頼が殺到していたため，なかなか目途は立ちませんでした。

ただ，こちらも幸運なことに，セキュリティ向上の視点から検討していたゼロトラスト対応施策の一環として，社内ネットワークを介さずクラウドを活用できる仕組みを前倒しで導入し，2020年の夏場の第2波が来る頃には，営業・間接部門等のホワイトカラー職はテレワークを前提とした働き方に対応することができました。

2 生産領域の歴史

(1) DXブーム以前の取組み

生産領域のDXを担うスマートファクトリー推進センターの源流は，生産技術本部にあります。その名のとおり，化学プロセス，土木建築，電気・計装・制御・システム，設備保全など，幅広い生産技術を有するコーポレート組織です。この生産技術本部の取組みの中に，過去からIT領域の取組みも含まれています。IT領域の取組みと言っても，その内容は深く，対象となる範囲も広く，一言では表せません。通常の制御系にとどまらず，シミュレーションにより素

材開発・製造に結びつけるCAE（Computer Aided Engineering）の部隊，生産設備の高度制御に取り組むFA（Factory Automation）の部隊，さらには高度センシング技術により製品の製造・検査に寄与する部隊もいます。

　生産技術本部は，従来，機械・工学系メンバーが中心の組織でしたが，1990年代には電気・電子系を専門とするメンバーも増え，画像処理を行うソフトウェアを内製し，さらに自社で画像処理専用チップを搭載した画像処理ボードを開発し，旭化成グループ製造現場の製品自動検査等に導入していました。また，生産技術本部配下の旭化成エンジニアリングには，旭化成グループ内外向けに生産管理システムを開発する部隊もいました。

　1990年代初期にインターネットが普及する中で，コンピューター好きが集まり，静岡大学から128kbpsのuucp（低速通信回線を前提としたUNIXコンピューター間のデータ転送方式）を用いて電子メールの送受信を行っていました。しかし，当時はオフィスコンピューターが主流で，「電子メールは仕事に使えるのか？」と疑問視されるようなFAX全盛の時代でした。

　1990年代から2000年代にかけて，製造現場に徐々にDCSやPLC（製造設備を制御する専用制御コンピューター）が導入されていき，現場でコンピューターを活用する風土が定着していきました。2000年代には「ミニAI」や「ファジー制御」を駆使して，製造現場の製品種類の切替えなどの熟練者の運転操作を学習して自動運転を目指す試みも存在しました。しかし，当時のコンピューターの性能がまだ不十分で実用には至りませんでした。

　その後の2000～2010年代に，生産技術本部および旭化成エンジニアリングの各部門が，工場に対する生産情報系システム，情報システム部と連携した国内・海外の社内ネットワークの構築展開，計装系システムの展開など，デジタル化に向けた取組みに着手しました。これらが，その後のスマートファクトリー化につながっています。

(2)　「次世代ものづくり技術開発部」の立ち上げ（2016年7月）

　2016年に生産技術本部長が設定したミッションは，「世界最高レベルの生産技術を事業に具現化する」というものでした。その本部長からの指示に呼応した形で2016年7月に設置されたのが「次世代ものづくり技術開発部」です。

　「第4次産業革命」というフレーズが登場し，IoT，AI，3Dプリンター等，従来の産業構造を大きく変革する新技術が台頭する中，これらの開発・実証に向けた体制を構築・強化することを目的として設置されたもので，この「次世代ものづくり技術開発部」の取組みが後の「IoT推進部」に連なります。

　まだ「IoT」等の言葉に具体的な定義もなかった頃であり，そもそも何から取り掛かるかといったところから試行錯誤しました。当時のキーワードは「3Dプリンター」と「マス・カス（マス・カスタマイゼーション）」でした。「3Dプリンター」を用いて，従来のNC（数値制御）加工では工作が難しい紡口やノズル等の製作を試みましたが，造形素材の強度が不足しており，実用化には至りませんでした。「マス・カス」は，ハーレーダビッドソンの組立事例でも有名で，旭化成グループ内の組立系業務に応用できるのではないかと考えました。

　業務多忙で人員の確保が難しい中，次世代ものづくり技術開発部は，部長1名を専任とし，生産技術本部内の各領域（産機，加工，計装，センシング，システム等）から12名の若手を中心とした兼務スタッフをかき集めて活動を開始しました。

　はじめは手探りの状態で，国内外の展示会への参加や産業用IoT活用事例の調査・情報収集に取り組みました。日本能率協会主催の「2016生産革新アメリカ視察団」にも参加しました。テーマ探しにも苦労しました。旭化成グループ内の各事業領域をあちこち探し回り，取組みテーマを固めていきました。

　その結果，2つの具体的なテーマに取り組むことになりました。この取組みはIoT推進部に移行後も継続しています。

　その1つは，旭化成ホームズの鉄骨組立て・部材供給を担う旭化成住工における「開口パネル（窓枠＋窓）の製造工程高度化」です。当時の旭化成住工では，従来外注していた開口パネルの組立ての内製化に着手していましたが，属人作業が多く，生産性／品質改善が求められていたのです。

　これに対し，まずはUWB動線解析（無線を用いた高精度な測定手法）により作業者の動作を解析したところ，他工程への応援作業が多いことや部品集めに時間を要していることがわかり，人・モノの配置，動線を見直しました。さらには，ねじフィーダー，ねじ締めカウントドライバーなどのIoTツールを導入し，これらを管理するタブレット用アプリをアジャイル開発により進めました。開発

に関わった若手は，現場のIoTによる革新を目指して「新しい技術活用，新しい開発スタイル」に精力的に取り組みました。その結果，2年後には作業の効率化とミス防止を実現し，IoT活用の1つの成功事例となり，メディアでも取り上げられました（日刊工業新聞2018年6月4日付，日本経済新聞2018年9月4日付）。このほかにも，旭化成グループ内の工場における製品目視検査のAI（Deep Learning）による自動化にも取り組み，現在は現場で稼働し，検査員の負担軽減と検査品質の向上に結びついています。

⑶　「IoT推進部」の設立（2017年7月）

　コーポレートの各部門において新たなデジタル技術活用の動きはありましたが，全社一体的な取組みへと進化させるため，当時の副社長の主導のもと「IoT情報共有会議」が2016年11月に発足しました。この会議には製造技術統括部，IT統括部，研究・開発本部，生産技術本部が参加し，IoTを活用した製造革新については生産技術本部が主体となって推進することが決定されました。

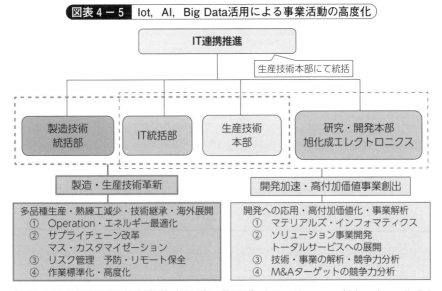

図表4－5　IoT，AI，Big Data活用による事業活動の高度化

（出所：R&D中期計画説明会説明資料（2017年4月12日），https://www.asahi-kasei.com/jp/ir/library/business/pdf/170412.pdf）

　経営陣の理解や期待感も高まり，これらの取組みを社内外に広め，加速させるため，2017年4月の「R&D中期計画説明会」において，旭化成として初めて「デジタル技術活用による事業活動の高度化」を打ち出しました。

　生産技術本部としてIoT活用を一層加速化させていくため，2017年7月に「次世代ものづくり技術開発部」を「IoT推進部」に改称再編して，部長と部員の2名，兼務17名で再スタートしました。その後，2018年1月からキャリア採用を開始し5名を採用，生産技術領域の熟練者1名を含め，2018年9月末時点では本務者が計8名の組織となりました。最も労力を費やしたのが，重点推進テーマの選定です。人員体制が不十分な中でIoT推進の取組みを着実に成果に結びつけるために，現在取組み中のテーマに対し，事業領域の成長性，経営へのインパクト，システム開発のハードルの高さ等を勘案して，重点推進テーマを絞り込んでいきました。

　「旭化成グループ内の製造IoTテーマの集約」は，IoT推進部のミッションの

図表4－6　IoT活用推進に係る啓発活動

（出所：社内報　2018年1－2月号）

１つでした。このミッションには２つの目的がありました。１つは旭化成グループ内のIoT活用の進捗状況を把握し，一体感ある動きとすること。もう１つは，社内に集約組織がないと，製造現場が直接ITベンダーに依頼してしまい，貴重なデータが外部に流出してしまうなどの情報管理上のリスクがあること，かつITベンダーによるいわゆるベンダーロックイン（特定のベンダーの製品・サービスの依存度や切替コストが高く，ベンダーを変更できないこと）に陥るリスクを防ぐことです。

　このため，工場に入り込んでいる生産技術本部の保全部隊のネットワークを活用するとともに，工場ITを支えている旭化成エンジニアリングやAJSとの連携を強化して，製造IoTテーマの集約体制を実現しました。この活動について2018年に社内報で２回のPRを行い，現場の従業員への浸透も意識した啓発活動に努めました。

⑷　製造IoTプラットフォーム（IPF）

　製造現場のデータ活用を加速化させるための共通基盤が必要と考え，2017年から，「製造IoTプラットフォーム」（IPF, Industrial IoT Platform）の検討が始まりました。紆余曲折の結果，2021年４月からIPFは本番運用を開始し，2023年現在10工場が利用するとともに，後述のデータ分析人材育成に活用しています。ここまでの道のりを振り返ります。

①　Step.1　構想検討と初期版構築（2017年９月〜2018年12月）

　旭化成グループの各事業・工場では，IoTやデジタル技術の具体的な活用方法や課題に関する個別の検討が進められていました。このまま見過ごすとプラットフォームが乱立して，データの所在・管理がバラバラかつ高コストになり，将来の全社的なIoT活用に悪影響を及ぼすおそれもありました。そこで，最新動向を把握するためにコンサルティング会社の力を借りて，構想の検討からユースケースの作成，さらにはIPF初期版の構築に取り組みました。

　この過程でクラウドの活用に着目し，IT統括部と連携し社内クラウドの整備に舵を切ったことは，大きな成果となりました。しかし，コンサルティング会社が選定したツール群の一部が旭化成グループのITセキュリティルールに

合致しなかったこと，またツール類が一般的なものではなく関係者の理解が得られなかったことから，2018年12月にIPFの初期版はお蔵入りとなりました。

② Step.2　統合パッケージの導入検討（2018年12月〜2019年4月）

①のプラットフォームの構築に代えて，大手ベンダーが販売する統合データ分析パッケージソフトを評価し，その導入を検討しました。国内外の大手企業も採用しているソフトです。データの蓄積から分析，モデル化，実装・管理，評価までの一連のプロセスをサポートするものでした。

しかしながら以下の点がネックとなり，この統合パッケージソフトの導入も見送りとしました。

- ツールが独自のものであり，OSS（オープン・ソース・ソフトウェア）の分析ツールに慣れたユーザーから不評だったこと
- OSSに比べて，ツールに関する情報が圧倒的に入手しづらいこと
- ツールが高額で，そのコスト対効果が見えないこと

③ Step.3　独自環境の構築（2019年5月〜2022年3月）

これまでの経緯を踏まえ，最終的には自分たちの使い慣れた有償分析ツールや，OSSのデータ前処理や可視化のためのツールを組み合わせた環境が最適であるという結論に至りました。

組織内のクラウドエンジニアと協力して，改めてツールの選定，クラウド・サービスを活用した低コストな環境の構築，さらには運用に関する検討を進めました。社内の認証システムと連携したアクセス管理を実装し，工場への費用配賦の仕組みを整備，さらにはクラウド特有の予期せぬ費用が発生しないように費用モニター等も実装しました。

図表4−7 製造IoTプラットフォーム（IPF）立ち上げまでの紆余曲折

データ分析基盤構築に際し，紆余曲折の結果，自前・自力で環境構築

コンサルティング会社提案のIPFの初期版構成図

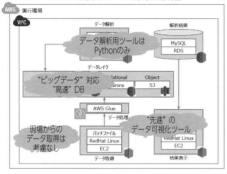

【コンサル提案】
◆オーバースペックで高コスト
　過大な要件に基づく設計
◆社内セキュリティルールに合致しない
　企業間でのITセキュリティに感覚のズレあり
◆実ユーザーのニーズとずれた分析環境
　旭化成側の体制も問題。データ分析・活用部門不在
　で要件を検討

社内の
デジタル系エンジニアとデータサイエンティストが協働
◆現場ニーズの正確な把握
◆日ごろから使い慣れたツールを選定
◆使いやすさと低コストを意識し，まずは現場での活
　用促進を強く意識

　その結果，2020年度中にはほぼ実用可能な状態になり，2021年度の試運用を経て2022年度から正式運用を開始しました。この取組みはAmazon Web Service社（AWS）における導入事例紹介として，同社のウェビナーにも登壇しました。

図表4−8 社内向け「IPFのセキュリティ」説明資料

クラウド環境は一般的にはインターネット向けですが，これを情報システム部門が旭化成グループ内向けにサービスとして提供中。IPFはこの基盤上に構築し，安全・安心に工場データの利活用・分析を可能とします。

情報システム部門提供のサービス	社内LANと専用線で接続	インターネットからはアクセス不可
情報システム部門が提供するサービス上にIPFを構築	IPFへの通信は社内ネットワークのみを経由　インターネットを一切通らない	IPFへはインターネットからアクセスできない構成であることを情報システム部門が保証
	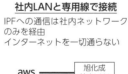	
全社認証システムと連携	**他工場のデータは参照不可**	**AWSは様々な国際規格に準拠**
社員IDと同じアカウントでの利用が可能でパスワード管理が厳格，他人との共有不可	IPFのデータは，許可された領域のみアクセス可，他の工場の領域はアクセス不可	AWSは世界シェアNO1　金融系，日本政府，米国防総省も利用
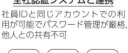		

　工場側にIPFの利用を推奨する際，情報管理の懸念から「クラウドを使用して問題ないのか？」という疑問が工場スタッフから度々寄せられました。IPFで採用した環境は「プライベートクラウド」であり，十二分に安全性を確保しています。しかし，その点を理解してもらうのは難しく，安全性を強調する資料を作成し，製造部門のトップにも説明し理解を得たうえで，各工場側に対して丁寧な説明を行い，徐々に理解を深めてもらったのです。

(5)　データ分析人材育成プログラム（2019年6月〜）

　旭化成グループには100を超える工場があり，物性安定化や稼働率向上など工場ごとに様々な課題を抱えています。データ分析はそうした課題の解決に有効となる重要なツールですが，すべての現場課題をIoT推進部の数名のデータサイエンティスト（DS）のみで取り組むことは現実的ではありません。各製造現場のデータ分析力を高めていく活動は，IPF（データ収集・蓄積・分析基盤）を整えていくことと併せて取り組むべきことだと認識していました。そこで，各現場においてどのようなデータ分析者を育成すべきかを検討し作り上げた人物像を，旭化成では「パワーユーザー」（PU）と呼んでいます。PUを「データ分析手法の知識と活用スキルを有し，既知領域の課題の発掘を適切に行い，必要なデータの収集，分析，現場実装までを必要な部署・人員を巻き込んで主体的に遂行できる」人物として定めました（**図表4−9**参照）。

　PUを育成するために，統計学・データ分析ツールの使用方法などの知識の学習だけでなく，PUの所属部署が抱える課題を実際に解決してみる，いわば成功体験の機会を提供する点にも力を入れました。これにより，データ分析の面白さと有用性を実感できるプログラムとなったと考えています。データ分析には『知る』と『できる』の間に大きな壁があります。そのため，課題に取り組む際にはOJT形式でDSが寄り添う形式で進めました。これは教える側も非常に負荷のかかる育成プログラムです。しかし，実際の参加者の反応をみて，この形式が正解だったと感じています。

　育成プログラムの立ち上げにあたっては，最初は全社的にアナウンスはしませんでした。ターゲットの工場を決め，小さくとも確実に立ち上げていくことを心掛けたのです。ターゲット工場の選定基準としては，このような新しい

図表4-9　旭化成におけるデータ分析エンジニアの定義

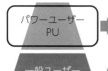

データ分析エンジニア	定　義
データサイエンティスト DS	データ分析手法の知識と活用スキルを有し，旭化成のあらゆる事業領域において，課題の本質を見出し，現場を巻き込んで分析プロジェクトの発足から現場活用・実装までを主体的に遂行できる。パワーユーザーの分析上の悩みや相談に適切に指導サポートができ，旭化成全体のデータ分析力向上に貢献している。
パワーユーザー PU	データ分析手法の知識と活用スキルを有し，既知領域の課題の発掘を適切に行い，必要なデータの収集，分析，現場実装までを必要な部署・人員を巻き込んで主体的に遂行できる。所属部署の一般ユーザーに対し，データ分析の指導サポートができ，部署のデータ分析力向上に貢献している。
一般ユーザー GU	データサイエンティストやパワーユーザーの分析結果を適切に読み，自身のアクションに活用することができる。データ分析の基礎知識があり，与えられた問題に対してパワーユーザーのサポートの基でデータ分析を進めることができる。

データ分析技術に対して感度が高い"アーリーアダプター"のマネージャーが在籍する工場をリストアップし，企画の趣旨説明を個別に実施して，参加者を募っていきました。

　初年度の2019年はそのような現場から参加した非常に熱意にあふれた若手を中心に39名が参加し，座学を経て，半年かけてデータ分析活動に取り組みました。最後には，成果発表の場を設け，成果の共有とともに製造トップ層からの講評も行いました。この成果発表には，育成プログラム参加有無にかかわらず，幅広い聴講者も参加させました。より多くの層と成果を共有することでデータ分析の有用性を広く浸透させることを企図したのです。半年間の育成プログラムで学んだデータ分析の知見を，実際の製造現場に落とし込み，数千万円から数億円規模の品質・収率・稼働率改善効果を導くPUが次々と出てきています。また，データ分析に興味を持つ人材が増え，現場のデータ分析力を確実に高めています。

(6)　デジタルイノベーションセンター発足（2018年10月）

　2016年7月の「次世代ものづくり技術開発部」設置以来，デジタル技術を活用した新たなビジネスモデルや事業の創出，現場革新など，企業価値を高めるためのDXの取組みを主導してきました。しかしながら，複数の組織に分散したデジタル系人材を寄せ集め，テーマごとに個別に対応している状況であり，機動性ある対応が困難でした。そこで，生産技術本部内に「デジタルイノベー

ションセンター」を新設し，分散したデジタル系人材を集約しました。センター長のもとで機動力ある運用体制を確立し，デジタル技術を活用した製造力や生産技術力の革新を加速させるという狙いがありました。このセンターは，デジタル技術力やそのサポート体制の強化，さらには人材育成を一元的に進める役割も担っていました。この創設により，旭化成がデジタル技術領域に注力することを対外的に示すことにもなり，優秀なキャリア社員の獲得につながることも期待していました。

　IoT推進部に加えて，生産技術本部内の情報通信技術部，旭化成エンジニアリングの生産情報技術部をセンターに移管することで，計3部，総勢30名の組織として，スタートすることができました。2019年4月には初めての新入社員を採用し，さらには融合ソリューション研究所から7名を受け入れました。その結果，2019年4月時点で計44名の体制となりました。

　その後，デジタル共創本部設立に合わせ，2021年4月に「スマートファクトリー推進センター」と改称し，それまで日比谷・川崎・厚木・富士・守山・延岡の各地区に分散していた各メンバーが田町に集結しました。この際，延岡地

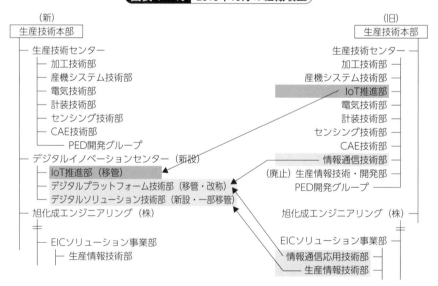

図表4－10　2018年10月の組織改正

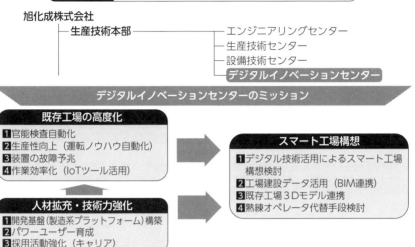

図表4-11　デジタルイノベーションセンターのミッション

旭化成株式会社
生産技術本部
エンジニアリングセンター
生産技術センター
設備技術センター
デジタルイノベーションセンター

デジタルイノベーションセンターのミッション

既存工場の高度化
1 官能検査自動化
2 生産性向上（運転ノウハウ自動化）
3 装置の故障予兆
4 作業効率化（IoTツール活用）

人材拡充・技術力強化
1 開発基盤(製造系プラットフォーム)構築
2 パワーユーザー育成
3 採用活動強化（キャリア）

スマート工場構想
1 デジタル技術活用によるスマート工場構想検討
2 工場建設データ活用（BIM連携）
3 既存工場3Dモデル連携
4 熟練オペレータ代替手段検討

区の工場をサポートする専門グループも新たに設置しました。

(7)　生産系スマート化の4ステップ（2018年〜）

　デジタルイノベーションセンターが発足したタイミングで，改めて旭化成グループ全体を見渡してみると，やはり「紙文化が根強く残っている」という課題が浮き彫りになりました。スマートファクトリー化の最初のステップは，「デジタイゼーション」（アナログ・物理データのデジタルデータ化）です。ところが，まず問題になったのが，旭化成の既存の工場では多くの場合，紙で記録を残す慣習があったことです。この紙の記録は業務とも密接に関わっていることから，電子化は業務の進め方自体を変えることを意味します。単に記録方法の変更では済まず，これを変えていくことは容易ではありませんでした。さらに残念なことに，新設の工場においても，これを機に電子化しようという意識は低く，結局紙文化が引き継がれてしまうケースが散見されたのです。

　2018年に新たな工場の建設計画がありましたが，そこでも従来の紙ベースの記録業務が継続されようとしていました。素材系工場では，新工場であっても従来の業務スタイルを引き継ぐことはよくあることで，これには業務の記録方

法も含まれます。通常，工場の建設は２年を要しますが，素材系の需要は予測が難しく変動幅も大きいので，計画時の予想を超える需要増加があった場合には新工場の建設計画から稼働まで一刻を争う状況となります。その結果，「既存の工場の業務スタイルをそのまま新工場でも継続する」という方針になりやすいのです。

この新工場の建設計画に対して，デジタルイノベーションセンターは工場建設のプロジェクトリーダーを説得し，センターからも戦力を投入，紙ベースの業務の全廃を実現しました。これにより，デジタイゼーションの先にある「デジタライゼーション」（個別の業務・製造プロセスのデジタル化），すなわちデータの見える化や分析を通じて，製品の品質改善に結びつける工場が誕生したのです。現在，この工場では，AIを活用した取組みも進められています。

図表４－12　スマートファクトリーへのステップ

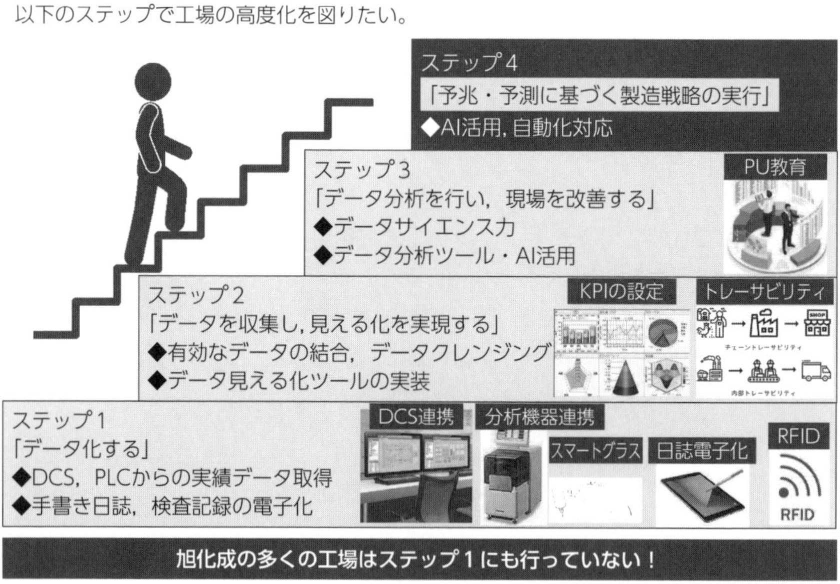
以下のステップで工場の高度化を図りたい。
ステップ4
「予兆・予測に基づく製造戦略の実行」
◆AI活用，自動化対応
ステップ3
「データ分析を行い，現場を改善する」
◆データサイエンス力
◆データ分析ツール・AI活用
PU教育
ステップ2
「データを収集し，見える化を実現する」
◆有効なデータの結合，データクレンジング
◆データ見える化ツールの実装
KPIの設定
トレーサビリティ
SHOP
チェーントレーサビリティ
内部トレーサビリティ
ステップ1
「データ化する」
◆DCS，PLCからの実績データ取得
◆手書き日誌，検査記録の電子化
DCS連携
分析機器連携
スマートグラス
日誌電子化
RFID
RFID
旭化成の多くの工場はステップ１にも行っていない！

⑻　スマートファクトリー成熟度診断（2021年度）

　デジタルイノベーションセンターの設置から1年経った頃，「旭化成グループ全体のスマートファクトリー化の進捗状況を把握しよう」という話になりました。世の中の指標を探しましたが，なかなか適当なものがみつかりませんでした。例えば，経済産業省のDX推進指標は主に会社経営を対象とする診断ツールで，スマートファクトリー化とは趣を異にするものです。旭化成のシンガポール現地法人がSIRI（Smart Industry Readiness Index）という診断を行っていることを耳にして内容を確認しましたが，「デジタル化，データ化」の進捗度合いを指標化するもので，これもやはり適したものとはいえませんでした。その他の指標を見渡しても我々の求めるものがなかったため，独自に開発することを決断しました。

　「工場」を対象に，できるだけ網羅的な診断対象項目を設定し，「デジタル化にとどまらず，それが成果に結びついていること」を評価できるように配慮しました。旭化成の工場は，プロセス系，バッチ系，加工系など多岐にわたります。現場に精通したメンバーの知恵を借りながら，いずれの工場にも適合するよう各項目の表現も工夫しました。

　ここで悩ましかったのが，診断実施をどのように行うかでした。ただでさえも，旭化成は100を超える工場を有しています。「どういうルートで趣旨を説明し，工場に依頼していくか？」は大きな問題です。幅広い事業を様々な地域で展開しているため，工場の指揮命令系統は事業ラインと地区ラインの両方から成り立っています。改めて状況を整理し，順次責任者に対して診断の趣旨説明を行い，理解を得られるよう努めました。

　経営トップ層からは「スマートファクトリー化を無理強いせぬよう」との指示もありました。スマートファクトリー化の具体的な施策は，多くの場合，投資を伴います。コストがかかってくるわけですから，各事業の事業損益に合った「スマートファクトリー化」としなければなりません。診断実施にあたっては，決してスマートファクトリー化を強要するものではないことを留意しながら進めました。

　2021年6月から各事業部門への説明を順次開始，各工場の協力を得て，定期

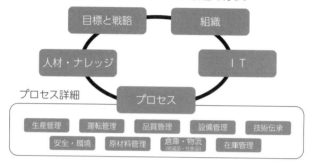

図表4-13 スマートファクトリー成熟度診断モデルの概要

スマートファクトリー成熟度診断モデルは，5つの視点『目標と戦略』『組織』『人材・ナレッジ』『プロセス』『IT』において，現状を5段階でレベル評価を行う。

修理と重なった地区などもありましたが，2021年12月には計89工場の診断を完了することができました。その後，各工場へ診断結果のフィードバックも順次行いました。

初年度の診断結果は，総じていえば，「品質管理やトレーサビリティーなど顧客に関わる領域での進捗は目覚ましいものがあるが，スマートファクトリー化の推進体制が弱く，熟練者に依存した領域では遅れがちだ」というものでした。今後は各工場の実情を踏まえ，事業環境に合ったスマートファクトリー化の推進に取り組んでいくことを計画しています。

(9) 今後の取組み

旭化成の工場を取り巻く環境は今，大別すると4つの課題に直面しています。「カーボンニュートラル」と「日本での労働人口減少への対応」の2つは，今日的な大きな課題です。この2つの課題に対し，「人と地球に優しい工場」にシフトすることを目指して取り組んでいきます。残る2つの課題は，「高経年化した設備の安全・安定運転」と，至上命題である「品質の安定・高度化，収率向上」です。これらを実現するべく「生産の安定・高度化」も目指して取り組んでいきます。

こうした課題を解決するための原動力となるのが「データ駆動型」であると考えています。旭化成の売上の半分を占める素材事業では，装置産業や組立産

業と異なり，製造設備をいかにうまく運転できるかは現場の熟練オペレーターに支えられています。収率向上や稼働率の維持向上，素早い銘柄切替え・安定生産には「熟練」の経験が不可欠です。しかし今後は，これらの「暗黙知」をデータに基づき「形式知化」していく営みが不可欠であり，「データ駆動型」へと歩みを着実に進めていかなければならないと考えています。

さらに，「工場の枠を超えるデータ活用」が必要であると考えています。工場の枠組みを考えてみると，まずコストセンターとしての役割がありますが，これが工場のすべてではないと考えています。「事業視点」で考えると工場ができることはたくさんあるのです。営業部門とのデータ連携強化によって欠品削減と生産性の向上を両立させるとか，顧客に対して品質データを的確に提示する，問い合わせに対しても速やかに答えるといったことです。

これからも旭化成の製造現場は「データ駆動型」による「人と地球に優しい工場」と「生産の安定・高度化」の実現，つまりスマートファクトリー化に注力していきます。

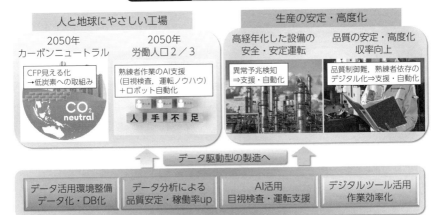

図表4−14　生産系課題への取組み

3 研究開発領域の歴史

(1) 科学技術計算の取組み

　研究開発領域におけるDX（以下「R&D DX」）については，1980年代半ばの科学技術計算の取組みに遡ることができます。開発・技術本部に「コンピューターサイエンス室」が設立され，1985年に専用のミニコンピューターを導入しました。このミニコンピューターは薬物探索，量子化学計算，化学反応プロセスシミュレーション，流体解析，構造解析といった分子シミュレーションからCAE（Computer Aided Engineering）の分野まで幅広く用いられました。

　コンピューターサイエンス室は，同時期に設立された「生産技術本部プロセス解析グループ」と共同で，計算機シミュレーションにより全社の研究開発，製造における課題解決を支援することを主なミッションとしていました。これに並行して，当時先端的であったエキスパートシステム，オブジェクト指向言語，並列処理，音声認識などのコンピューターサイエンスや情報科学に関する基礎研究も進めており，その流れの一部は，現在のR&D DXに受け継がれています。さらに全社的には，1988年に当時最新鋭のコンピューティングシステムとして米国で開発されていたグラフィック・スーパーコンピューターの販売事業にも参入し，科学技術計算に対する積極的な取組みを展開していました（本章1(1)「旭化成の情報システム部門の黎明期からIT革命前夜まで」参照）。

　社内の計算機環境は継続強化され，1991年および1995年には2世代継続して米国製のスーパーコンピューターを導入しました。現在でも汎用CPUを用いたPCクラスター（複数のPCを組み合わせて，1つの大きな計算システムとして動作させる）は継続的にメンテナンスされています。先進的な大規模計算のニーズに応えるために，「富岳」をはじめとする学術研究機関や大学などのアカデミアで使用される高性能な計算システムを活用しています。

　科学技術計算の進歩に伴い，シミュレーションの対象も拡大しました。材料開発においては，均一系触媒，低分子から，固体触媒，高分子，有機半導体，

磁性材料，超電導材料などへと広がりました。流体解析においても，紡糸プロセスや反応槽内の解析などに加え，血液浄化や水処理に用いられる中空糸モジュールのような複雑な流れの解析へと活用されるようになりました。同時に，プラスチック射出成型用の金型を設計するための樹脂流動解析，薬物設計，LSI製造プロセスシミュレーションなど，特定の目的に特化した技術やある程度成熟した技術に関しては，関連する事業会社等に移管され，それぞれが連携を保ちつつ，利用者のすそ野を拡大していきました。

　このように，旭化成における科学技術計算の発展を牽引してきたコンピューターサイエンス室は，機器分析（次節(2)を参照）を実施する組織と統合することになります。この統合を機に，機器分析と計算機シミュレーションを相互に補完し，課題解決をより強力にバックアップする組織へと発展していったのです。

(2)　実験におけるデータ解析の取組み

　機器分析とは，様々な化学品，材料，部材の構造や組成を明らかにするための化学分析や物理分析を指します。この機器分析は，旭化成の化学品や各種材料のR&Dにおいて重要な役割を担っています。研究・開発本部の「基盤技術研究所」（以下「基盤研」）では，幅広い機器分析技術を用いて，製品トラブルの解析やR&Dの高度化を支えてきました。2000年頃までの機器分析の処理能力は技術的な制約から限界があり，スループット（単位時間当たりに処理されるデータの量）も高いレベルには達していませんでした。その後の計測技術やコンピューター技術の進歩により，短時間に膨大な量のデータを生成する分析が可能となりました。それまでの機器分析でも初歩的な統計解析は広く行われてきましたが，新たな分析手法の登場により，多変量解析や機械学習といったビッグデータを扱う技術の必要性が高まり，その活用機会が増えています。

　初期の頃には，主にGC-MS（ガスクロマトフィー質量分析法）やTOF-SIMS（飛行時間型二次イオン質量分析法），in-situ FT-IR（その場観察フーリエ変換赤外分光法）など，3次元以上のデータ空間を有し，データ点数も数千から数万に上る手法に主に適用されました。これらの膨大なデータには優れた特性を示す開発品の構造的特徴をもれなく含んでいる可能性が高いとが考えられましたが，膨大なデータからこれらの特徴を見出すことは困難でした。

　そこで多変量解析や機械学習を用いて，不良や優れた特性が分析データのどのような特徴と関係づけられるのかを特定することで，材料の構造的特徴を明らかにしていくアプローチを採用しました。今でいう計測インフォマティクス的なアプローチです。

　従来の仮説検証型の演繹的アプローチとは異なり，この帰納的アプローチは，原因となる構造的特徴をスピーディーに特定し，メカニズム解析に役立つことが確認されました。基盤研としても，帰納的アプローチを強化する方針を明確に打ち出し，社外との共同研究や普及拡大を積極的に推進しました。当時はまだマテリアルズ・インフォマティクス（以下「MI」）という言葉は広く認知されていませんでしたが，これらの取組みは旭化成におけるMIの原型となり，後の発展へとつながったのです。

　しかし計測インフォマティクス的なアプローチでは，あくまでも材料の構造的特徴を浮き彫りにするにとどまり，どのような実験条件でそのような材料を作ることができるのかまで示すことはできませんでした。また，これらを求めるには，材料ができるまでの一連の実験条件（原料やその配合比，溶解，混合，反応，乾燥，加工などの条件）や材料を評価する条件などのデータが必要となります。しかし，そうしたデータはすべて解析の依頼元となる研究所，技術開発部などが所有し，一連のデータの集約の手間や，時には機密上の理由から，基盤研が入手するのは困難な状況でした。

　これを打破する１つの取組みがありました。半導体事業を担う旭化成マイクロシステムとの半導体集積回路（LSI）関連の共同プロジェクトの中で始まった製品改善の取組みです。このプロジェクトでは，最初から帰納的アプローチを採用し，一連の実験条件や評価に関するデータを基盤研と共有して進めました。これらのデータと，基盤研で取得した機器分析データとを併せてデータ分析を行い，短期間で製品の改善につながる材料構造や，それを実現するための実験条件・プロセス条件を提案することに成功しています。この実験条件・プロセス条件の指針までを示すデータ分析手法は，現在の旭化成で幅広く用いられているMIの原型となっています。単に材料やその構造を提案するだけでなくどのように製造するかまでを提案することで，トラブル対策や迅速な新製品開発のスピードアップの可能性を示す貴重な事例となりました。この取組みは，依

頼元である研究所とのデータ共有の重要性を再認識するきっかけにもなりました。

⑶　研究開発におけるMIの本格始動

①　MIによるゲームチェンジ

2016年，基盤研に技術系を統括する副社長（当時）が訪れ，所員に向けMIについて講演を行いました。副社長はその中で，米国が国家主導でマテリアルゲノムイニシアチブプロジェクトを立ち上げ，データバンクの構築を進め，MIにより従来考えられない短期間で電池材料を開発した事例に触れ，近い将来素材開発が大きく変わる可能性を力説したのです。

素材ビジネスは農耕型ビジネスで，種を撒いてから刈り取りまで時間を要するのが一般的な認識です。開発には長年培ったデータやノウハウも必要で，これが高い参入障壁を築いてきました。しかし，MIの登場により，短期間での開発が可能になり，またデータバンクを活用したR&Dの普及で過去のノウハウの蓄積が参入障壁にならず，競争のフレームワークが大きく変わる，いわばゲームチェンジの可能性が浮上してきたのです。

そこでは，新興国の台頭も脅威になり得ますし，さらに素材ユーザーやプラットフォーム戦略に長じるGoogleやAmazonなどの新興IT企業が新たな競合になりうるのです。危機感を共有したメンバーは，その後，緊急にMIの実態調査を実施し，その結果「データの整備次第でMIは素材のR&Dを大きく変え，上述のゲームチェンジが起きる可能性は十分想定される」との結論に至り，旭化成でのMIの立ち上げに着手しました。

②　MI活用による実験なき開発の実現

先述のとおり，基盤研では実験条件や評価結果などの開発データは有していなかったため，膨大なデータを蓄積する千葉工場のザイロン技術開発部の新規グレード開発テーマで，MI活用のトライアルを実施しました。データの準備やクレンジングに関しては，原材料の受入れ・評価・配合に関する情報の集約や，フォーマットや用語の統一に労力を要したものの，現場の協力もありMI用のデータセットを作成することができました。その後も試行錯誤を繰り返し

ましたが，無事にMIの予測モデルを構築することができたのです。

　これにより，実際に実験しなくても，コンピューター上で様々に実験条件を変え，即座に結果を得ることができる環境が出来上がりました。しかし同時に課題もありました。候補となる原材料が数多く，配合の組み合わせも膨大になるため，予測を何度も繰り返さなくてはならなかったのです。

　そこで，数理最適化モデルと予測モデルを併用して，顧客の要求する性能を充たす材料やそのコンパウンド条件について効果的に探索するアプローチを確立しました。これにより，顧客の要求特性を入力すれば，それを実現するための実験条件・プロセス条件を求めることができる逆解析の技術が旭化成で初めて実証されたのです。

　このアプローチにより，従来3〜5回程度の試行を繰り返さなければ完成しなかったレシピの設計を，たった一度の試行で設計できることが確認されました。これは，顧客への提案のスピードアップ，採用率の向上，開発コストの削減にも非常に有効であると同時に，属人化していたレシピ設計ノウハウの共有や伝承が可能になったのです。そのため，産休や人事異動，退職の際の確実な引継ぎが可能になり，これから予想される人材の流動化や労働人口減少などへの有効な打開策となることが期待できます。さらには，研究員がより高度な開発業務に専念できる効果もあると考えています。

　この取組みをきっかけに，2017年4月に研究・開発本部内に「MI推進部」を設置し，MIの積極的な展開に着手しました。ザイロンの次のテーマとして，無機物である触媒開発へのMIの適用に挑戦しました。触媒開発では先述のザイロン以上に多くのプロセス条件が存在しましたが，ここでもザイロンで確立した機械学習と数理最適化を組み合わせた逆解析手法を用いて，結果的に従来の5分の1から10分の1の期間で目標性能を達成する触媒を見出すことができたのです。これは，従来知られていない新たな組成を有する触媒で，新たな組成領域の発見につながったともいえます。

　これらの成果から，コンパウンド，無機酸化物，いずれにおいてもMIの活用は，迅速な材料探索や実験条件・プロセス条件の提案に効果を発揮することが確認できました。また，その他の材料を含めた旭化成製品全般の研究開発を加速化させ，革新的な材料開発につながることも期待されました。そこでMI

推進部の人員数を一段と強化するとともに，MIの適用範囲を広げ，樹脂コンパウンドやポリマー合成，触媒，化合物半導体，交換膜，電解電極，セパレータなどの旭化成のマテリアル（素材系）事業のほぼ全領域で展開することになったのです。ウイルス除去フィルターなど，ヘルスケア領域でも展開しました。

③　データのサイロ化問題

　一方で，データが継続的に蓄積されていないことや，データのサイロ化，データを記録するフォーマットや用語の不統一，実験工程ごとのデータ管理の現場依存など，事業を超えたデータ共有・利活用に様々な問題があることも浮き彫りになりました。特に2003年に旭化成が純粋持株会社制になり，事業ごとに別会社化された際に，各研究所も事業分野別に分断され情報のサイロ化が深刻化しました。2016年に純粋持株会社制から事業持株会社制に復し，マテリアル系事業が旭化成に統合された後も，そのサイロ状態が解消せず，事業を超えたデータ活用の機運は盛り上がりませんでした。

　これは，MIを活用するかどうか以前の問題であり，研究開発によって生まれた情報が継続的に蓄積され共用できる形になっていないという深刻な問題でもありました。当然，将来の競争力に大きく影響すると危惧する声もありました。そこで，これらの問題を解決するデジタルプラットフォーム（DPF）の構築が必要だと考え，検討が始まりました。

　また，MIでは，化学，物理，材料における専門性，研究機器に関する知識，個々の実験に関する知見，そして過去から蓄積した経験知，ノウハウなどが必要になりますが，MI推進部のデータサイエンティストがMIに取り組む期間で得られる情報は限定的です。MIのモデル構築が思うように進まなかったり，精度が向上しないという問題も浮上しました。この問題を解決するため，現場でMI活用を推進する体制が必要であると考え，本格的な人材育成を2018年からスタートしたのです。

⑷　R&D DXとインフォマティクスの拡大強化へ

　これまで述べてきたように，MIの普及・展開は順調に進み，部署により進

展度に差はみられるものの，今日ではマテリアル領域のほぼすべての部署で
MIの活用が始まっています。また，MIの効果は個別の開発テーマにとどまら
ず，研究開発全体を大きく加速させ，開発競争力の強化や研究開発機能の拡
張・変革，すなわちR&D DXを実現する大きなポテンシャルを有しているこ
とが，DPFや人材育成の取組みを通じて明らかになってきました。

　具体的には以下のような取組みが進んでいます。

- 計算化学や計算工学などのシミュレーションで生成した大量データとの
  併用
- 特許や文献などを用いた公知情報を活用し実験を最小限にするMI
- 製造条件を迅速に求めることができるプロセスインフォマティクスとの
  連携による迅速なスケールアップ
- 営業データとの連携による顧客への迅速な製品提案
- 旭化成の材料やシステムを利用する顧客の製品開発やシステムオペレー
  ションとの最適化
- ロボット（身体）とMI（頭脳）を組み合わせることで自律的に実験を
  進め探索領域を劇的に拡大するスマートラボ

　これらの取組みにより，従来型の実験で得られたデータに基づくMIに比較
して，飛躍的なスピードアップが実現し，また顧客の採用率も大きく向上しま
した。これまでの革新的な材料の開発といえば，事業競争力を一気に高める可
能性を有する一方で，成功確度が見通せず，かつ長期間を要することから，非
常に難しい投資判断を強いられていました。これが，スマートラボにより，今
後このような開発を戦略的に増やしていけるようになると考えています。

　また，材料とその使いこなしをセット提案することで，顧客に提供すべき本
来のソリューションを提供できるようになることから，単に材料を売るのでは
なく，このソリューション自体が収益の源泉になる可能性もあります。MIを
活用したフォーミュラ設計サービス，MIに関わる様々なアプリケーションや
データを活用したプラットフォームサービスなど，研究開発自体が収益部門と
しての役割を担う未来図が描かれつつあります。

　MIは文字どおりインフォマティクス（情報科学技術）を活用した材料開発

のことを指します。これまでの主な活動は，データサイエンスを活用した帰納的なアプローチでした。しかし，インフォマティクスには，データサイエンスだけでなく，シミュレーションなどの演繹的なアプローチや，知識を体系化する数理モデルも重要な要素です。これらの要素の強化が今後の課題として浮上してきました。

　さらには，データサイエンスで主役となる統計や機械学習は，材料開発以外にも活用可能です。実際，MI以外に，様々な「X」インフォマティクスが存在します。特に，ビジネスインフォマティクスのような経営課題への応用に関する相談も増加傾向にあります。「X」の例として，他にも，ケモ，バイオ，計測，プロセス，ビジネス，ブレインなど，多様なインフォマティクスが注目されています。

　こうした背景を受けて，MI推進部の役割をさらに強化・拡張するため，MI推進部と，データ解析やアプリケーション開発の専門家を抱える「融合ソリューション研究所」の一部を統合し，2019年4月に「インフォマティクス推進センター」を設立しました。このセンターは，R&D DXと，MI以外へのインフォマティクスの拡大・強化を主なミッションとしています。次に，R&D DXに向けた取組みと，インフォマティクスのさらなる拡大・強化について，詳しく説明していきます。

⑸　R&D DXに向けて：デジタルプラットフォーム（DPF）

　10年ほど前から「データは新しい原油である」（"Data is the new oil"）などと呼ばれ，データが収益の源泉になる時代だといわれています。しかし，データには様々な種類，形式があり，何も手を加えない状態では玉石混交で活用することはできません。旭化成でも，研究開発部門で日々生み出されるデータが，部門ごとあるいは実験担当者ごとに散在し，形式もバラバラで統一的に管理されていない状態を改善し，MIなどのデータ活用促進を目指しています。具体的には，研究開発部門のデータをDPFへ蓄積し，活用するまでの活動について，2つのステージに分けて取り組んでいます。

① DPFによる情報の保全・資産化

まず，ステージ１として，研究開発データや関連する技術情報を，高い信頼性とセキュリティを担保したファイルサーバに集約し，フォルダ整理やアクセス管理を実施し，「情報の保全」を図りました。この「DPFファイルサーバ」に一元的にデータを保存することで，組織として統一的にデータ蓄積が可能な状態を整備しました。

次は研究開発で得られる実験データを集めて，いかに効率的かつ効果的に活用するかというステージになります。実験データをMIに活用するということは，目標とする材料物性y（目的変数）について，その材料を生成するための原料組成やプロセス条件などの諸条件x（説明変数）との相関関係$y=f(x)$を構築することです。データを集めたとしても，実験データ(x, y)の管理方法や書式，表記方法が人によってバラバラで，MIに適用できる形式にデータを整理し直すことに多くの労力を割いている問題がありました。

そこでステージ２として，それぞれの研究開発で用いられる入力様式の整備・統一を進め，各種データを参照可能なように表形式に構造化して，連結・統合できる「DPFデータ管理基盤」の構築により「情報の資産化」を進めています。

旭化成では，有機低分子化合物からポリマー，無機，半導体材料など非常に広範でかつ用途も多様な素材を製造・販売しています。さらに，それぞれの実験・評価手法も組織文化も異なる数十を超える研究開発部門を抱えており，それらの部門すべてにDPFを展開することは，簡単な取組みではありません。

単にDPFを提供するだけではなく，それを維持・管理・運用する人と組織の意識づけが重要になってきます。それぞれの研究開発部門に対して，各部署の組織長にDPF運用責任者を選出してもらい，研究開発のデータ管理や運用ルール策定を，各部署が主体的に推進する体制を構築しています。そのうえで，データ活用の目的をしっかりと定め，目指す姿と現状を踏まえて課題を設定し，行動計画を立てて実際の活動を進めています。また，このような活動に組織で継続的に取り組む風土づくりのため，データ管理に関する教育，人材育成にも取り組んでいます。

② DPF活動の効果と展望

2018年頃からスタートしたDPF活動ですが，現在では対象とする研究開発部門の80％超の部署がDPFでデータ管理を行うまでに浸透しています。DPFの一部であるファイルサーバには高速全文検索機能が付与されており，社内の技術情報をキーワード検索できるようになっています。これにより過去のファイル検索時間を短縮し，「どこに保存したのか忘れてしまい，今までであれば諦めていたような過去の実験データ」が見つかり，無駄な再実験を減らすなどのコスト削減効果も得られています。

研究開発データをMIに活用するための「ステージ2：情報の資産化」については，データマネジメント基盤「DEEP」と連携したシステムを構築しています。研究開発データがデータベースとして組織レベルで管理され，また適切に共有されることで，容易にデータ利活用できるよう取り組んでいるところです。旭化成の機械学習モデル開発プラットフォームとの連携も容易になり，今後ますます研究開発データの活用促進および高度化が可能になると期待しています。

このように社内で構築したDPFは，旭化成のこれまでの事業領域に限定されており，研究開発のすべての分野，特に新事業創出を目指す場合，データの不足を生じます。そのため，データ活用のオープン－クローズ戦略を明確にし，オープン領域で社外と共創することによりデータベースの拡充を行い，適用領域を広げていくことが必要になります。現在，主として産業技術総合研究所，物質・材料研究機構，統計数理研究所など国立研究開発法人において，企業が参画したコンソーシアムを設立し，そのような取組みが行われています。

旭化成においてもそのようなオープン領域の活動に積極的に参画し，社内におけるR&D DXの高度化へのフィードバックを進めており，今後ますますそのような活動は重要になると考えられます。

⑹ R&D DXに向けて：人材育成

R&D DXを実現するためには，「人」「データ」「設備」の3領域での変革が必須だと考えています。

旭化成グループでは，デジタル基盤を強化するうえで人材の成長と組織風土

の変革が必要だとの観点から，研究開発部門でMIを実践できる人材の育成に力を入れています。そのため，2020年に機械学習モデルの開発プラットフォーム「IFX-Hub」を立ち上げ，教育研修や社員の自律的な学習に活用しています。クラウド上に構築されたIFX-Hubは全社員が容易にアクセスでき，また，そこにあらかじめ用意されたMI教育プログラムは，普段の研究活動に則した構成となっているため，負担感がほとんどない状態で社員がMIの学習と実践に即座に取り組めます。

　MIを実践できる人材については，スキル習得レベルにより初級・中級・上級と分類していますが，2023年12月時点で，初級が1,907名，中級が463名，上級が48名と，少なくとも2,400名以上が「MIで何ができるかを理解し，プログラム（Python）や機械学習の基礎知識がある」状態になっています。実際，これらの教育を受けた現場研究者が，知識習得後に自発的にMIを実践し研究開発成果につながったケースも出始めています。

　今後は各事業部にこのような上級者を増やすとともに，彼らが業務の中でMIを実践しながら他のメンバーを育成することにより，裾野の拡大と全体のレベルアップにつながることを期待しています。各事業部門に「MI人材」が根付いた先のR&D DXは，研究開発部門において組織的かつ継続的にDPFに蓄積されたデータをMI等に活用していくことを目指しています。

⑺　R&D DXに向けて：スマートラボ

　今後の先進国の素材産業では，これまでのような大量生産・大量消費型のビジネスモデルは成立せず，安全・安心で環境負荷が低い材料の開発が求められています。このような開発活動をスピード感をもって進めるためには，これまでに蓄積された実験・評価・分析データを有効に活用し，新たな実験計画とともに様々なデータを総合的に分析し革新的な材料を創出していく必要があります。

　そのため物理法則や理論式に基づく材料シミュレーションを活用し，新しいコンセプトを盛り込んだ材料設計や原理解明などに取り組んでいます。例えば，第一原理シミュレーションと機械学習を組み合わせたニューラルネットワークポテンシャルなどの最新技術をいち早く導入し，従来のシミュレーション手法

では実現が難しかった高精度と高速計算を両立した様々な材料シミュレーションに挑戦しています。

　これらのシミュレーション技術とMI技術を組み合わせることで数十万以上の材料候補の中から最適な候補を絞り込むことも可能になっています。また，MIやシミュレーションによって予測された新たな材料候補や実験条件を実現するためには，複雑な工程と膨大な実験条件の組合せの中から最適な条件を見つけ出さなければなりません。そのために，人間が実験するよりも数十倍速く自動的に合成や評価・分析ができる装置と最適条件を自動探索するMIシステムを組み合わせた「スマートラボ」の開発・活用を進めています。

　また，旭化成では「富岳」に代表されるスーパーコンピューターを使ってMIやシミュレーション計算を実行していますが，次世代の計算機として注目を集めている「量子コンピューター」の材料開発への応用にも取り組んでいます。量子アニーリング方式や量子ゲート方式を使った組合せ最適化や量子化学計算，量子機械学習に取り組み，現状のソフトウェアとハードウェア両面の技術レベルを検証しながら，10年，20年先の技術革新の潮流を探っています。

　膨大な実験データおよびシミュレーションデータの蓄積とそれらのデータから学習した人工知能（AI）がさらに材料開発を高度化し，ヒトとAIが協力しながら新たな材料を開発していく，そんな未来を思い描いています。

⑻　インフォマティクスの拡大・強化

　インフォマティクス推進センター発足後，データ駆動型の材料開発において技術的基盤をなす機械学習等のインフォマティクスの活用を，研究開発以外の領域にも広げ高度化することで，さらなる事業拡大・強化と新事業創出への貢献を目指しています。

　マーケティングや開発企画の領域では，自然言語処理技術を活用し，特許，論文，ニュース記事，市場レポート，社内報告書等の様々なテキストから顧客の課題や将来ニーズと社内外の技術情報を抽出しマッチングすることで，有望な開発ターゲットの特定や，技術・製品の新規用途探索，共創戦略策定を支援するPoC（Proof Of Concept［概念実証］，試作開発に入る前の検証）に2021年から取り組んでいます。

　事業計画の領域では，経済指標の推移や日々のニュース記事，企業が発表する事業業績や事業計画などのデータから自社製品に対する短期〜中長期の需要を予測する機械学習技術の開発とPoCに2021年から取り組んでいます。この成果を活用して，投資・生産・販売計画を最適化し，収益を最大化することを目指しています。

　サプライヤーから原材料を調達する際や，顧客に製品を販売する際の価格は，複数の原材料の市況価格を組み合わせた価格フォーミュラと呼ばれる数式に基づいて決定されることが多くあります。価格フォーミュラは製品の種類や顧客によって異なりますが，旭化成では営業担当者の知見や取引先との交渉を通じて決められてきた数式に数理最適化を導入することで自社利益を最大化・安定化する営業DXにも2021年に着手しました。

　研究開発領域においては，物性値の目標が明確な材料開発の効率がMIによって著しく向上した一方で，取引先の製品に関する情報が十分に提供されないと材料開発の期間が長期化しがちでした。取引先にとっても旭化成にとっても自社製品の開発データは機密性が高いことが両者のデータ連携による開発加速を妨げてきましたが，近年，秘密計算と呼ばれる技術によって，データの内容を互いに秘匿したままデータを連携することが可能になりました。旭化成では2022年，同業他社に先駆けて秘密計算に基づくMIが可能なシステムを開発し，実際の材料開発テーマでPoCを開始しました。

　近年の脳科学とAIの進歩は目覚ましく，確立した測定方法が存在する物性値だけでなく人間の感情をデータとして捉え，AIで解析することが可能になりつつあります。旭化成でも2020年に商品やサービスの「快適性・心地よさ」の定量化や予測を可能とする脳融合型AIの技術導入を開始し，製品開発や営業・マーケティング活動の差別化などへの応用を目指しています。

(9)　もう1つの研究開発領域，情報サイエンス部門

　ここまで紹介してきた素材開発系計算機シミュレーションの流れとは別に，旭化成の中にはセンサーや信号処理を土台とする情報サイエンス部門もありました。これが旭化成の幅広いDXを支えるもう1つの源流となっています。

　2003年4月に設置された「情報技術研究所」は，化学メーカーには珍しい「情

報サイエンス（インフォマティクス）」をコンセプトとする研究拠点としてスタートしました。情報技術研究所は，新しい情報技術と多（他）分野技術を組み合わせて，未来のビジネスモデルを作り出すことや，化学と情報サイエンスが結びついた「ケモ・インフォマティクス」まで発展させることを目指した研究所でした。

　研究所から生まれた技術マップには，音声認識，音声変換，サウンドセンシング，ユビキタスセンシング，イメージセンシング（画像認識），統計的パターンモデリング（機械学習），アプリケーション専用DSP（デジタルシグナルプロセッサ）など，多様な技術が含まれています。その中で中核となっていたのは，自動車内アプリケーションなどの研究開発で培った音声認識技術を発展させた情報処理技術のノウハウでした。また，音声認識は，現実世界のあらゆる音が入り混じったノイズの中から必要な音声情報を抽出するための情報処理や統計的パターンモデリングにおいて高度な技術が求められます。旭化成の音声認識は，その当時，世界トップクラスの技術レベルを誇り，様々な用途に採用されていました。

　さらに，旭化成が得意とするセンサーや，LSIなど半導体と組み合わせた新事業創出の検討も進められました。音声技術を出発点として，画像，赤外線，そして医療分野では心音にまで領域を広げていきます。具体的には，自動車のドライバーインターフェース，在宅セキュリティ分野，医療分野のセンシング技術の研究開発を推進していったのです。

　また，データと機械学習の重要性を早い段階で認識し，データの多様性とカバレッジの確保，そして精密な統計モデルの学習方法を研究・模索しました。この技術開発の一環として，大量の多次元時系列情報を統計モデルの集合に拡張し，非線形マッピングを行うことで，目に見える直感的な形でデータ処理が可能となる独自技術を開発するなど，一般的な化学メーカーと一線を画した独創的な技術を生み出すことができました。

　2012年10月に，情報技術研究所を引き継ぐ形で「融合ソリューション研究所」が新設されました。融合ソリューション研究所は，当時，磁気センサーの世界シェア8割を占めた「電子コンパス」で培った，センシングデバイスと情報処理ソフトウェアの技術，UX（ユーザ体験）を重視したソリューション開発のノ

ウハウを融合。自社技術にこだわらず，社内外の優れた技術を幅広く取り入れ，ソフト，ハード，サービスの領域をまたぐ，新しい市場価値の創出を目指しました。

　例えば，光学的な脈波検出技術の1つである非接触脈波検出技術があります。この技術はスマートフォンなどのカメラで顔を認識し，脈波に対応した顔色の微妙な変化を抽出することで，非接触かつ連続的に脈波を検出し，検出した連続脈波から脈拍数や呼吸状態などを推定することができます。この技術をパートナー企業に提供，2015年に発表されたのが「心の緊張を緩和するスマートフォン向けアプリケーション」です。このアプリケーションは，スマートフォンで顔を撮影するだけで心拍数を計測することができ，その鼓動に最適化されたテンポのアニメーション動画を自動再生します。さらに，深呼吸を適切なペースで繰り返すよう求めるガイダンスを動画内に表示することで，ユーザーをリラックス状態へと導いていくものでした。

　そのほかにも「保持状態推定」技術を開発してパートナー企業に提供し，GPS測位が困難な環境における屋内ナビゲーションを実現しました。GPS電波が入らない地下では，加速度センサー等により人の動きを推定します。スマートフォンの位置を固定しディスプレイを見ながら歩いているのか，それとも手に持って腕を振りながら歩いているのか，さらにはポケットやカバンに入れた状態で歩いているのかといった，スマートフォンの保持状態によってセンサーデータが異なってくるため，複雑な解析が必要となります。これに対し，地磁気センサーを含む複数のセンサーデータを機械学習によりパターン別にモデル化することで，保持状態によらず安定した屋内ナビゲーションを可能としました。

　また，旭化成で長年培った音声関連技術に関しては，旭化成エレクトロニクスのデジタル信号処理プロセッサ（DSP）を搭載した製品向けに，音声認識やICC（In Car Communication，車内コミュニーション）などの技術を提供しているほか，社外パートナーとの協業により，業務用途に特化した音声対話システム（点検作業や荷役作業，製品検査作業中における手書き作業をなくし，作業効率の大幅な向上に貢献するシステム）を提供する等，利用シーンの拡大を図りました。

　このように，情報技術研究所，融合ソリューション研究所を通じた16年間で，

信号処理・機械学習等のデータサイエンス技術や，それらをアプリケーションとして具現化するソフトウェア技術が磨かれ，その知識やノウハウを蓄積させていくことができました。また，技術だけでなくユーザー体験を重視した顧客視点を持った人材の育成など，その後の旭化成のDXを推進する土台ともなりました。

4 営業・マーケティングの歴史

　旭化成グループでは，マテリアル・住宅・ヘルスケアの3領域で様々な事業を展開しています。業界ごとに状況が違うということもあり，営業・マーケティング分野におけるデジタル活用は，事業によって進展度が大きく異なっています。ここでは旭化成グループの中でデジタルマーケティング部門を有する4つの事業，エンジニアリングプラスチック，エレクトロニクス，建材，医療用医薬品事業における営業・マーケティングDXの歴史について紹介していきます。

(1)　マテリアル領域：エンジニアリングプラスチック

　旭化成の「機能材料事業部」が担当するエンジニアリングプラスチック事業は，旭化成の中の歴史ある事業の1つとして，自動車向けから電子製品向けまで，幅広い用途の製品を手掛けています。

　2020年1月，機能樹脂事業部内の関連部署，インフォマティクス推進センター，デジタルイノベーションセンター（当時），人事部，知的財産部の関係者が集まり，「事業別DX戦略人材養成プログラムの1つとして，エンジニアリングプラスチック（以下「エンプラ」）の領域でいかにしてDXを推進していくか」について3か月にわたる検討を開始しました。

　検討の結果，取引先での課題解決に向けたデータやソリューションを提供するプラットフォームの立ち上げやブランド強化，デジタル情報そのもののビジネス化に向けて組織構築や人材育成を行っていくという結論に至りました。これを受け，2020年4月に新事業創出をミッションとした「機能材料マーケティ

ング室」が新設され，エンプラ関連部署の7名の担当者からなるDXタスクチームが発足しました。そこではエンプラ部署のデジタル施策について検討が行われ，「樹脂デジタルソリューションプラットフォーム」（以下「樹脂DSP」）構想が2020年10月に作成されました。

樹脂DSPの主要施策は，❶デジタルマーケティング，❷新規Webサイト，❸顧客の設計者向け設計支援サイト，❹顧客の各種不具合解決支援サイトの4つの施策から構成されました。デジタルマーケティング機能の制約のために既存Webサイトを改修するだけでは不十分であると判断し，新たなWebサイトを立ち上げることにしました。

① デジタルマーケティングおよび新規Webサイト

4つの施策のうち，まずは❶と❷を2020年度中に立ち上げるという非常に挑戦的な目標を設定しました。しかし，当時はデジタル施策に関して「機能材料マーケティング室」，「DXタスクチーム」ともに素人集団であり，デジタルマーケティングを考慮したWebサイトを立ち上げることは困難でした。そこで，インフォマティクス推進センター DX推進部（当時）からも支援を行い，かつ社外にも協力を得て取り組んでいくこととしました。

社外の協力会社から様々な提案を受けたものの，費用を極力抑えながら約半年での完成を目指すため，「旭化成で実施できる業務」と「外部に委託する業務」を切り分け，Webの設計とデジタルマーケティング，CRM（Customer Relationship Management）に関わる改修を外部の協力会社に依頼しました。

ペルソナ（典型的な顧客像）の設定とカスタマージャーニーマップ（顧客が購入に至るまでのプロセスをまとめたもの）の作製，Webサイトの構成と動線設計，新規コンテンツ制作と既存Webサイトから移設するコンテンツなどを確定し，2021年4月1日に「旭化成エンプラ総合情報サイト」のオープンに辿り着きました。同時にDXタスクチームが定期的にコンテンツを作成することとし，それに合わせたメルマガ配信を行い，デジタル起点で新規顧客を獲得していくデジタルマーケティングを開始しました。その結果，スタートから1年間で，訪問者数は2倍，問合せ件数は6倍に達しました。

②　顧客の設計者向け設計支援サイト

　顧客の設計者が使いたいと思う設計支援サイトを作成するため，DXタスクチーム内に「設計支援検討チーム」を新設しました。このチームのミッションは「ニーズが定まりきっていない早期段階の材料探索フェーズの顧客にとっても，有用と感じる材料情報・ソリューションを提供する」こととし，製品を材料選定や材料評価，基盤／全般にカテゴリー分けしたうえで，優先度を決定することとしました。

　材料を選定するための支援として「グレード検索ツール」を実装し，顧客が求める性能を有するグレードを素材横断で検索できる仕様としました。中でも難燃性など特殊な規格を取得しているグレードを瞬時に探索できる点で好評を得ています。また材料評価では，旭化成のエンプラ事業が得意としているCAE（Computed Aided Engineering）を用いて，具体的な提案を例示したり，CAE手法について解説したりするページを実装し，顧客が新製品または機種展開する際の参考となるように努めています。

③　不具合対応管理システム

　少し専門的な話になりますが，エンプラを金属と比較した際の欠点は，弱く脆いところです。エンプラを使用するうえで注意深く設計を検討したとしても，実使用の際に破損（折れたり割れたり）することはあります。また，金型内での充填状況により，反りが発生したり上手く充填できなかったりする場合もあります。これらの様々な不具合が発生した際に，顧客に対して即時に解決策を提案できる不具合解決支援サイトを目指し，検討チームを設置しました。

　第1弾として，不具合が発生した際に社内の部署間の連携を円滑に行うことができる不具合対応管理システムの開発を行いました。このシステムにより「不具合への対応」がどの段階まで進んでいるかを関係者がいつでも確認することができるようになり，顧客への報告時間を大幅に短縮できました。このシステムに蓄積されたデータの活用により，顧客の抱える課題解決を一層的確に提案できるようになると期待しています。

　顧客の設計負担を軽減するサイトとして立ち上げてきた樹脂DSPですが，さらに使いやすいサイトとして進化を続けています。一方，顧客の利便性を追求

した旭化成エンプラ総合情報サイトが世の中に浸透しているとは言い切れないため，国や地域を超えて様々な市場で認知度を上げていく活動も継続しています。

（参考）

「旭化成エンプラ総合情報サイト」：https://www.asahi-kasei-plastics.com/

---

(2)　マテリアル領域：電子部品

　旭化成エレクトロニクス（Asahi Kasei Microdevices Corporation，以下「AKM」）は，1980年代前半から電子部品の製造販売事業を行っています。高級オーディオ機器で定評のあるオーディオD/Aコンバーター，スマートフォンのナビゲーションで使われている電子コンパスなどのユニークな部品を，コンシューマー機器メーカーや自動車メーカー，産業機器メーカーに一貫して提供している半導体メーカーとして世界的に知られています。

　AKMがデジタルマーケティングに本格的に取り組み始めたのは2010年代前半です。当初は社外向けWebサイトにオーディオやビジュアル機器などのブロックダイアグラムを掲載するなど，顧客向けの情報提供が主でした。のちにCMS（Contents Management System）の導入により，高機能かつ柔軟なデジタルコンテンツを制作・管理できるようにしました。現在ではコンテンツを100％内製しており，制作・公開までの時間を大幅に短縮できています。

　一方，AKMの社内向けの取組みとして，顧客訪問レポートと商談進捗管理を海外拠点も含めて共有するための顧客管理システムを内製で立ち上げました。2010年代後半には世界標準とされている営業支援・顧客管理ツール（SFA/CRM（Sales Force Automation/Customer Relationship Management））を導入しました。これにより営業活動を可視化し，分散していた見積りや他部署への資料作成依頼といった情報を集約することができました。この社外向けWebサイトによる顧客向け情報提供と社内の顧客情報管理は，それぞれ独立した取組みでした。

図表4－15　目指す電子部品のBtoBデジタルマーケティングの姿

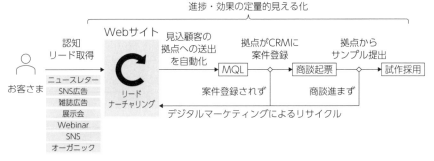

マーケティングオペレーションを高い投資効率で回すことで，会社全体の収益・生産性を上げる
BtoBマーケティング活動の自動化・業務プロセス最適化，
進捗・効果の定量的見える化

　2020年以降のBtoBマーケティングにおけるデジタル化の急速な進展や新型コロナウイルス感染拡大という環境変化にいち早く対応するため，AKMでは「デジタルマーケティング部」を2020年に新設しました。デジタルマーケティング施策の対象についても，それまでは国内市場が中心でしたが，北米・欧州・中国などグローバル市場に拡げていくことになりました。

　折しもコロナ禍の中，デジタルマーケティングの力で海外での案件獲得率を大きく上げ，営業部門の生産性向上を図ることを目指しました。そのため，海外のターゲット顧客に絞ったネット広告やランディングページの制作，バーチャル展示会への出店，海外ソーシャルメディアを活用したリードジェネレーション（見込み顧客を獲得するための活動）といった施策に取り組みました。また社外向けWebサイトの訪問履歴から職歴やアプリケーションを推定することで，見込み顧客として拠点に情報をインプットし，商談へとつなげる取組みにも注力しました。その結果，2022年度は前年比でWeb経由での商談件数を倍増させることに成功しました。

　さらに2023年度は，マーケティングオートメーションにおいて世界標準として用いられている手法を取り入れました。この手法を通じてリードジェネレーションやリードナーチャリング（見込み顧客の育成）の工程を強化し，生産性をさらに向上させることができると期待しています。具体的には，自社製品のバリュープロポジション（自社のみが顧客に提供できる価値）を伝えるコンテンツを

充実させるとともに，顧客獲得施策の進捗を可視化し，効果測定を行うことで投資効率を最適化したいと考えています。加えて，見込み顧客をスコアリングによって絞り込み，そうした情報を適時に営業拠点とも共有し，スムーズな連携を実現します。

　AKMでは，急速に進展するテクノロジーに迅速に順応し，将来にわたって顧客ニーズに対応できるよう，BtoBマーケティングの基盤を整備し，上記の施策の実現に向けて取り組みたいと考えています。

(3)　住宅領域：建築材料

①　建材事業の現在地

　旭化成建材は，1963年に旭化成工業（現旭化成）の建材部門として誕生しました。当時のソビエト連邦より発泡コンクリートのシリカリチートを技術導入し，千葉県松戸市に工場を建設したのがその始まりになります。4年後の1967年にシリカリチートに代わる技術としてドイツより導入したALC（高温高圧蒸気養生された軽量気泡コンクリート，Autoclaved Lightweight aerated Concrete）を「ヘーベル」ブランドで販売したことを契機に建材事業が拡大しました。

　旭化成建材は現在，国内の様々な建築・土木関連の顧客に対して建材を提供しています。事業領域としては，「ヘーベル」などALC事業に加えて，建築物の柱と基礎を固定する柱脚工法「ベースパック」などの鉄骨造構造資材事業，「イーゼット」「アットコラム」といった杭基礎事業，高い性能を誇るフェノールフォーム断熱材「ネオマフォーム」など断熱事業の4事業を展開中です。

　現在，国内の建設業界は厳しい状況にあります。人口や総世帯数は減少の一途をたどっており，新設の建築需要が今後大きく伸びることは見込めません。現状国内で事業を手掛ける旭化成建材が持続的に収益をあげていくためには，販売量増の工夫もさることながら，顧客ニーズを的確に捉え，そのニーズに合致した高付加価値製品を顧客に提供することで収益力を高めていく必要があるのは自明です。

　そこで，デザイン性や機能性に優れた製品を開発することはいうまでもありませんが，これまで培ってきたブランド力と全国をカバーする強力な販売・施工店ネットワークをフル活用し，優れた製品の価値や魅力を伝えていくための

高度な営業力・マーケティング力に磨きをかけ，競争力を高めていくことを目指しています。

　一方で，国内総生産（GDP）に占める建設投資の比率は，近年10％程度で推移しています[1]。このことからもわかるとおり，建築・土木業界はとても裾野の広い市場です。建設業許可業者数は47万社[2]を超え，建築物の仕様に重要な役割を担う一級建築士は37万名[3]が登録されており，旭化成建材が対象とする顧客は非常に多いのです。

　また決まった仕様のものが大量生産される一般的な工業製品と違って建築物は一品一様であることが多いため，顧客単位ではなく建築物の物件単位での製造販売が必要になります。建築物の仕様は，物件ごとに建築士が選定して決めていくのが原則ですが，建材を購入する元請の建設業や，建物を所有する施主，ディベロッパー，さらに施工を担う施工店も，建材の選定に関わることがあります。これら多くのステークホルダーに対して，適切なタイミングで設計物件の要件に合致した製品やサービスを提案するとともに，高性能・高意匠の製品を紹介する必要があり，従来の足で稼ぐ営業スタイルは限界に来ています。

②　マーケティングオートメーションの実践

　そこで，旭化成建材では，従来の営業手法に加えてマーケティングオートメーション（以下「MA」）やオンラインセミナー，インサイドセールス（電話やEメール，DMなど）を活用した商談の創出活動を行っています。MAとは，マーケティング（ここでは顧客開拓や需要創出）を自動化・仕組化するシステムのことで，下記のような機能が備わっています。

- ・　ランディングページや入力フォームを作成し，顧客情報を獲得する機能（リードジェネレーション）
- ・　顧客情報をデータベースとして管理する機能（リードマネジメント）

---

(1)　国土交通省総合政策局建設経済統計調査室「令和3年度建設投資見通し」（2021年10月），https://www.mlit.go.jp/report/press/content/001427868.pdf

(2)　国土交通省・報道発表資料「令和2年3月末現在の建設業許可業者の現況」（2020年5月1日），https://www.mlit.go.jp/report/press/totikensangyo13_hh_000686.html#:〜:text

(3)　公益社団法人日本建築士会連合会「令和2年度4月1日現在　建築士登録状況」，http://www.kenchikushikai.or.jp/touroku/meibo/tourokusu20200401.pdf

- メールマガジンなどで顧客へ情報提供し，自社への関心を高める機能（リードナーチャリング）
- 顧客の属性やWebサイト上での行動を分析し，一定条件の絞込みを行う機能（リードクオリフィケーション）
- マーケティング業務を自動化する機能（オートメーション）

上記の機能を上手く活用すると，メールマガジンでWebサイトに来訪した顧客やオンラインセミナーを視聴した顧客の関心度を定量的に分析することができます。データや洞察をもとに，インサイドセールス担当者が顧客に電話し，顧客の温度感や設計物件の有無を確認した後，顧客とのアポイントメントを取り付け，営業にバトンタッチします。これにより，従来営業が担っていた前工程を大幅に効率化するとともに，顧客に対してタイムリーに接触することができます。MAを単なるメルマガ送信ツールにしないためには，組織体制構築と既存資産の整備が不可欠であり，以下の取組みを実践しました。

- 情報を届けたい顧客属性の絞込みと製品選定・購買行動の分析
- 「当社の製品・サービスは，顧客のどのような課題を解決できるのか」の明確化
- 製品仕様ではなく顧客の課題解決に焦点を当てたコンテンツ（採用事例や課題解決例をテーマとしたWebサイト，オンラインセミナー，ホワイトペーパー，コラム）の制作
- 社内に散在する名刺や顧客リストのデジタル化と企業情報（企業規模や業種）の付与
- 適切なKPIや先行指標の設定
- 商談創出のプロセスと結果を追跡し効果測定するための環境を整備，主にMAとSFAやオンラインセミナーツールの連携，営業スタッフによるSFA入力の習慣づけ
- マーケティングと営業部門間の円滑なコミュニケーションにより，創出された商談が漏れなく速やかに対応できる規律と体制づくり

これらの施策を1つずつ着実に進めていくことで，MA導入1年目からその成果は出始め，マーケティング由来の商談の中から当社製品の採用に至る案件が少しずつ現れるようになりました。

　もちろん最初から上手くいったわけではなく，当初，営業部門からは「顧客データベース（送信先）が足りない」，「メールマガジンのクリック率が悪い」，「インサイドセールスから営業に送られる顧客アポイントの温度感が低く不調に終わった」，「出張エリアのアポイントが多くなってしまい，逆に効率が悪くなった」などといった苦情を受けました。これらの課題について，営業とマーケティング部門が協議を重ね，1つひとつ改善を図っていきました。その結果，当初はMAによる商談創出に懐疑的だった営業担当者も，今では高付加価値品の新規採用のための効果的な施策の1つとして受け入れてくれています。

　MAによる商談創出の仕組みを約1年で体系立ったものに作り上げることができましたが，リソース不足やビジネス特性などの要因からすべての事業で導入できているわけではありません。今後の課題として以下の2点を認識しています。

　1点目は「マーケティング活動の高度化」です。ビジネスの特徴によって調整は必要になるものの，デジタルマーケティングによる商談創出の仕組みは多くのB to Bビジネスに適用できると考えており，旭化成建材の他事業への横展開を目指します。

　2点目は「マーケティングスキルとナレッジの向上」です。持続的に成長していくためには組織体制整備とスキル・ナレッジの蓄積が不可欠であり，マネジメント層の理解のもと，高いスキルとナレッジを備えた人材で構成されたマーケティング組織を編成し，マーケティングを共通言語として営業などの関係する部門と連携することで事業成果を最大化できます。

　MAにより獲得するデータの分析をもとに新製品開発につなげ，イノベーションを促進する，顧客視点に立った良質なコンテンツを提供し商談を創出，収益増加に貢献する，そこで得た顧客データをフィードバックするという価値創造サイクルの構築を目指します。

⑷　ヘルスケア領域：医療用医薬品

　旭化成ファーマは，旭化成グループの中で医療用医薬品の製造販売を担い，主として整形外科やリウマチ，クリティカルケア領域での事業を展開してきました。旭化成ファーマのデジタルツールの活用の歴史は古く，1995年には医薬

営業本部が医薬情報担当者（MR）全員にPDA（Personal Digital Assistant, 今でいうタブレット）を配布し，医師との面談記録データを収集し始めました。その後，2003年にSFA/CRMを本格的に導入し，以降2008年，2013年，2021年に新たなSFA/CRMへと刷新してきました。

医療用医薬品の営業担当者であるMRは，各自の担当医療機関を訪問し，自社製品の有効性と安全性情報を医療関係者に提供するとともに，担当医療機関での使用状況等の情報を収集します。以前は面談記録をSFA/CRMに日々入力していましたが，入力項目は面談した医療従事者（医師・薬剤師・看護師など），情報提供した製品，面談時に使用したツール（パンフレット・タブレットPC）や資材名，処方している患者数など多岐にわたります。MRの入力作業を省力化するため，現在のSFA/CRMでは，上記の項目を選択式で入力できる仕様としています。また，会社や医療機関での待機時間などあらゆるシーンで入力できるよう，PC版だけでなくスマートフォンやタブレットPC版も用意して隙間時間の有効活用につなげています。

SFA/CRMに蓄積されたデータ量は膨大であるため，分析担当者はデータの抽出や加工・集計・分析に非常に多くの時間を割いていました。また，データ量の多さからスプレッドシートでの分析には限界がありました。そこで，2011年に当時国内で普及され始めたばかりのBIツールを導入し様々な角度からデータ分析できる環境を整えました。BIツールの導入によって，分析担当者の業務は，データ加工や集計する作業的な内容から，分析軸を検討したり結果を考察する創造的な業務にシフトしていきました。現在，旭化成ファーマでは営業活動のPDCAを回すため，SFA/CRMのみならず販売実績や競合製品の販売実績などの市況データをBIツールで可視化し分析できるよう医薬営業本部全体に展開しています。

2020年4月，新型コロナウイルス感染拡大に伴う「緊急事態宣言」が発出され，エッセンシャルワーカーである医療従事者への感染を防ぐためにMRの医療機関への訪問が規制されました。これまで医療用医薬品の主たるプロモーションチャネルはMRであり，MRの訪問が規制されるということは，医療従事者に医薬品の適正使用に関わる情報を届けることができないということを意味しました。

　そこで旭化成ファーマでは，サードパーティによる製品の情報提供を開始するとともに，医療従事者向けWebサイトのリニューアルに2020年9月に着手し，2021年7月には本格運用を開始しました。新たなWebサイト「Pharma DIGITAL」のコンセプトは「繋がる」です。医療従事者とMR，医療関係者同士がWebサイトを通じてつながることで医療情報を途切れず提供することを目指しています。

　「Pharma DIGITAL」では，自社の製品情報にとどまらず，ウェビナー配信や手術手技動画といった学術コンテンツ，大学医局や先進的取組みを行う施設への取材記事など，多彩なオリジナルコンテンツを提供しています。特にユニークなのは，会員登録した医師がWebサイトにログインすると，担当MRが表示され，「このMRにメールで連絡する」ボタンを押下するとメーラーが立ち上がり直接MRにメールできる仕組みを実装していることです。「繋がる」を実現するために，この機能を装備しました。

　2023年12月現在，国内34万人のうち12％に当たる医師が「Pharma DIGITAL」に会員登録しており，MRの活動が制限される中でも医師への情報提供に大きく貢献しています。

　SFA/CRMからのオフラインデータ，Webサイトやサードパーティからのオンラインデータがデータベースに蓄積されています。顧客をより深く知りより的確な情報提供を実現するため，これらのMR活動や医師属性，行動ログデータなどのデータを機械学習により分析する取組みにも着手しています。今後，機械学習による分析結果を用いて，今まで以上に個々の顧客の興味や関心の高い情報を提供することが実現できると確信しています。

（参考）
「Pharma DIGITAL」：https://akp-pharma-digital.com/

第 **5** 章

旭化成DXの組織形成

1 デジタル共創本部発足までの経緯

本章では，旭化成のDXを，グループ横断的に推進していくために誕生した「デジタル共創本部」の創設背景，存在理由，さらにはデジタル共創本部が果たしてきた役割等について詳細に解説します。

(1)　日本IBMからCTOを招聘

前述のとおり，旭化成はDXの取組みを2015年頃から実施しており，それ自体は日本の他の製造業に遅れているものではありませんでした。ただし，海外に目を向けると，欧米企業は一歩も二歩も先行していることは明らかで，当時の技術担当役員は危機感を持っていました。この間，研究・開発本部，生産技術本部内でリーダー層を束ねてDXを推進し，研究開発系のMI，製造系のIoT，知的財産に関するIPランドスケープなどについて一定の進捗は見られたものの，まだまだ十分とはいえない状況でした。

これらの取組みを加速させ，欧米企業に追いつくためには，デジタル技術に対する深い理解と経験，ITベンダーとの強いコネクション，そしてデジタル人材のリクルートへの影響力をも兼ね備えたリーダーが不可欠でした。そこで白羽の矢が立ったのが，当時日本IBMでCTO（最高技術責任者）を務めていた久世和資でした。その詳細な経緯については「結びに代えて」で述べますが，この人事が旭化成のDX組織の形成（デジタル共創本部の設立），DXの加速化にとって非常に重要なターニングポイントとなりました。

久世和資（くせ・かずし）
取締役専務執行役員
デジタル共創本部長

(2)　デジタル共創本部創設前のDX組織の状況

　旭化成では，2021年4月の「デジタル共創本部の設立」以前から，DX関連の業務を担当する組織が個別の領域ごとに立ち上がっていました。具体的には，①研究・開発本部内にあったインフォマティクス推進センター，②生産技術本部内にあったデジタルイノベーションセンター，③IT基盤を担当するIT統括部が，別々に担当していたのです（個別の領域の詳細な歴史については**第4章**参照）。

　まずインフォマティクス推進センターは，2015年にいち早く始まったMIを実施するMI推進本部と融合ソリューション研究所が合併してできた組織で，主に研究開発まわりのDXを担っており，その中でMIに関しては業界内でも先行していました。

　次にデジタルイノベーションセンターは，各工場における改善や変革をデジタル等で後押しする部門であり，積極的な活動を実施していました。IT統括部は，独立した組織として経営戦略担当役員の下に置かれていました。⑴で説明したとおり，旭化成に入社しDXを管掌するようになった久世は，旭化成のDXを加速するための改善点として，以下のように情報の発信や共有が重要になると考えました。

- ・　他の事業や部門でDXの先進的な試みが行われていても，そうした情報が組織の壁によって阻まれ，共有されにくい状態になっている
- ・　欧米企業に負けないDXの取組みを行っていくためには，海外の先進的な企業や同業他社はもちろんのこと，他の製造業の会社でどのような取組みが行われているのかを，きちんと情報収集して，社内に伝達する仕組みが必要である
- ・　情報の収集だけではなく，旭化成の取組みを顧客や取引先に知ってもらう情報発信の視点も重要になる

　このような問題意識から，DXを加速するうえで個別領域ごとに別々に対応していたDXの部門を1つの組織にまとめたほうが，グループ横断的な取組みを可能とし，求心力も上がると考え，デジタル共創本部が発足することとなったのです。

⑶　デジタル組織とITを含めた全社組織を創設した理由と最終決定前後の経緯

　このような経緯のもとで，旭化成内のデジタル関連組織を2021年4月に集約し，デジタル導入期からデジタル展開期・創造期そして2025年からの次の中期経営計画時点にはデジタルノーマル期へと推進する構想を，2020年11月末には固め，**第2章**に記載のとおり，DXビジョン作りも開始しました。

　本部設立に向けた具体的な議論の中で，DXの基盤を担当するIT統括部との関係をどうするかが大きな課題となりました。多くの日本企業では，生産・研究等の現場のIT（OT）と基幹系・バックオフィス系のITは別組織が所管・運用しており，旭化成も例外ではありませんでした。2015年からはIoT，AIの活用を推進するという方針のもとで，生産技術本部，研究・開発本部，IT統括部の3部門がタスクフォースのような形で協働を進めてきました。ただ，この協働はあくまでも個別テーマを互いにフォローし合うといった関係にとどまっており，1つの組織に統合する必要があるという認識はありませんでした。

　しかし，DXを推進するうえで，基幹系のデータ活用は不可欠です。デジタル導入期の成功事例を事業軸や地域軸で展開していくためには，生産・研究等の現場のデータと基幹系のデータをスムーズに連携させる必要があります。そうすると，基幹系のデータを管轄するIT統括部が同じ組織内に存在することが重要です。そこで，管掌役員の理解を得たうえで，IT統括部も新組織に参加することが決まりました。IT統括部としても，デジタル人材のキャリアプランやIT/OTの連携方法，生産技術本部で開発されたシステムの運用などの観点から，DXを推進する新しい組織に参画することが旭化成のIT基盤の強化に資するのではないかとの意見もありました。

　2021年の正月にはデジタルイノベーションセンター，インフォマティクス推進センター，IT統括部を統合することが決まりました。また，バリューチェーン上カバーできていないマーケティング領域に対応するためのデジタルマーケティング組織と上記の新本部の運営を支える企画管理機能を持つ組織を新設する構想が立ち上がりました。

　1月初旬には新組織のコンセプトがまとまりましたが，4月の新組織立ち上

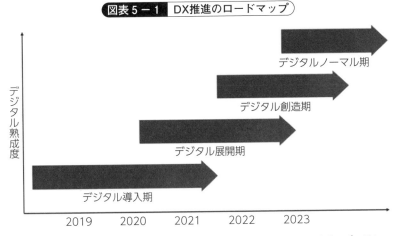

図表5－1　DX推進のロードマップ

※デジタル熟成度は，浸透率，生産性向上，事業貢献，人材数とスキル，達成スピードとコストなどをベースに算出予定

げに向けた社内手続・準備作業は時間的な制約も多く，難航しました。とりわけデジタルイノベーションセンターとIT統括部では組織の風土も異なることから，すり合わせは簡単ではありません。デジタルイノベーションセンターが個々の現場と向き合いDXを推進していく立場から，個別最適・短期間・アジャイルな風土を持つ一方で，IT統括部は基盤を構築し運用していくという役割を果たすため，全体最適・全社ガバナンス・全社経営上の意思決定に重きを置いています。両社の扱う予算額も異なるため，共通ルールの策定や会議体の運営によって細部まで決めることは現実的ではありませんでした。

　そのため，当面は，既存組織の仕組みを尊重した運用を続け，旭化成全体のDX推進と風土改革に集中することとしました。また，デジタルマーケティングの担当組織とメンバー確保，新組織の活動内容や規模に関する共通認識が定まっておらず，この段階での組織の細部設計が難しかったことから，既存組織との兼務でメンバーを集めてスタートしました。特に新組織の具体的なミッションの明確化とそのために必要となる人員の強化に注力することになりました。

　このような中で，2月の取締役会で，バリューチェーンのサポート体制，風土改革の仕掛け，デジタルノーマル期に向けた組織の方向性に関する提案を行い，デジタル共創本部の設立が正式に承認されました。

2　デジタル共創本部の組織，事業とのDX連携体制

(1)　デジタル共創本部の創設

前節で述べた経緯を経て，2021年4月，旭化成はグループ全体でDXを加速させるために，デジタル共創本部を新設しました。具体的には，本社スタッフ領域にグループ横断的な組織としてデジタル共創本部を設置。この本部に，全社ITの企画運営を司る「IT統括部」，研究・開発本部の「インフォマティクス推進センター」，生産技術本部の「デジタルイノベーションセンター」の3つの組織を移管・集約しました（図表5-2）。

さらに，営業やマーケティングのDXを担当する「デジタルマーケティング推進センター」，新たなビジネスモデルやアイデアの創出を牽引する「共創戦略推進部」，DXに関するKPI設定・管理やグループ全体のデジタル人材育成を担当する「DX企画管理部」を新設しました。なお，この組織変更に合わせて「デジタルイノベーションセンター」を「スマートファクトリー推進センター」と改称しています。

旭化成では2016年頃から研究開発や生産などの現場に密着したデジタル化に

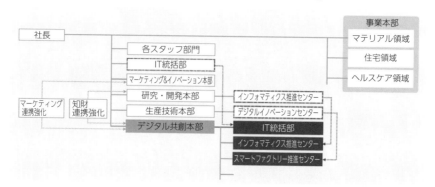

図表5-2　デジタル共創本部の位置づけ

取り組んでおり，取組テーマ数はこの時点で400以上に及んでいました。ただ，こうした取組みは，個々のデジタル推進組織，事業部門，事業会社がそれぞれ独自に進めるもので，実務を担うデジタル人材の育成も各組織が個別に行っていました。そのため，全社を挙げたグループ横断的なDXを推進するには，組織の壁を超えた情報共有や協力が不足しているという課題が浮き彫りになっていました。

こうした課題に対応するため，デジタル共創本部を設置し，複数部門に分散していたデジタル関連の組織，機能，人材を集約することになりました。これにより，これまで個別に進められてきたDXの取組みをグループ全体の全社的な取組みへと進化させることや，旭化成の自由闊達な社風を生かし，社内外のデジタル人材の交流を活性化させて，DXを通じた事業・経営変革を促すことを目指したのです。

この新組織のもとで，従来のIT（例：基幹系システムやデータベース管理）と最新のデジタル技術（例：機械学習，AI，IoTなど）を効果的に組み合わせて連携させることで，研究開発・生産技術の革新，営業・マーケティングの高度化，新事業の創出，デジタル人材育成といった多岐にわたる取組みが進められることになりました。

(2)　デジタル共創本部のミッションと各組織の役割

デジタル共創本部は，インフォマティクス推進センター，スマートファクトリー推進センター，デジタルマーケティング推進センター，IT統括部，共創戦略推進部，DX企画管理部という6つの組織による構成でスタートしました。そのミッションとしては，次の3つを謳っています。

- ・　旭化成グループの強みである多様性を生かしてビジネスモデルを変革し，価値の創造をリードすること
- ・　各事業に加えて，旭化成グループ全体の経営におけるDXを定着させること
- ・　デジタルと共創による変革を加速させること

各組織の役割，体制をまとめると，**図表5－3**，**図表5－4**のとおりです。

図表 5 - 3　デジタル共創本部 6 組織の役割（2021年 4 月）

組　織	役　割
インフォマティクス推進センター	研究開発に関するDXの推進
スマートファクトリー推進センター	生産技術・製造・物流に関するDXの推進
デジタルマーケティング推進センター	営業・マーケティング・顧客支援に関するDXの推進
IT統括部	基幹システムの開発・運用，全社セキュリティなどの企画・運用，共通データ活用基盤の構築
共創戦略推進部	Garage（IBMの手法でのデザイン思考とアジャイル開発）により，DXを加速するための仕組み・組織風土の構築
DX企画管理部	グループ全社員を対象としたデジタル人材育成プログラムの立案・運用，DXテーマ進捗をモニタリングするためのKPIの策定・管理，DXのプロモーション

図表 5 - 4　デジタル共創本部のミッション・組織体制（2021年 4 月）

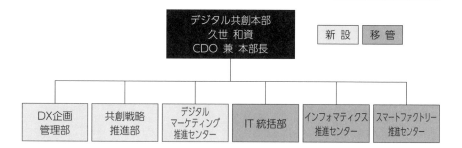

ミッション

● 旭化成グループの強みである多様性を活かしてビジネスモデルを変革し価値の創造をリード
● 各事業に加えて旭化成グループ全体の経営におけるデジタルトランスフォーメーションの定着
● デジタルと共創による変革の加速

これらの組織は，それぞれのバリューチェーンにおいてDXを推進する役割を担っています。

　デジタル共創本部の目標は，複数の事業の壁を，多様性に富む人材の共創によって乗り越え，ビジネスモデルや事業を変革することであり，そのために営業・マーケティング，研究開発，生産・製造・物流，保守・顧客支援といった

事業バリューチェーン全体にデジタルを活用していくことです。それまでのDXは，研究開発や生産技術を中心とした取組みでしたが，デジタル共創本部の発足により，営業やマーケティングのほか，サステナビリティ領域でのデジタル活用，ビジネスモデルの変革，新事業の開拓にまで，活動を進展させています。

図表5－5　事業バリューチェーン・アライメントによりDX連携を強化

	営業・マーケティング・顧客支援								研究開発				生産・製造・物流						
	市場開発	市場セグメントターゲット顧客	市場開発	営業	メンテナンス	分析	カスタマサポート		開発研究	商品企画	製品設計	生産技術		受注	調達	生産計画	生産	品質検査	在庫出荷
本社		基盤マテリアル																	●
		パーフォーマンスプロダクツ																	●
		スペシャルティソリューション																	●
		ホームズ・建材																	●
		ファーマ・メディカル・ZOLL																	●
		M&I・エレクトロニクス																	●
		サステナビリティ推進室																	●
	デジタルマーケティング推進センター								インフォマティクス推進センター					スマートファクトリー推進センター					
	共創戦略推進部																		
	IT統括部																		
	DX企画管理部																		

DXリレーションシップ・マネージャー：事業本部長，事業会社トップと戦略の共有およびDX適用プロジェクトの優先順位や投資を決定する

(3) その後の組織改正

デジタル共創本部は，2021年4月に設立されましたが，設立後約2年の間に行われた，いくつかの重要な組織見直しについて，以下説明します。

① CXトランスフォーメーション推進センター

まず，それまで全社的展開が遅れていた営業・マーケティング領域のDXを進めるために新設された「デジタルマーケティング推進センター」ですが，2021年10月，当初の目標であったデータドリブン型の営業・マーケティングの実現とともに，カスタマーエクスペリエンス（CX）戦略強化に向けての活動を開始するため，「CXテクノロジーセンター」に改称しました。さらに，社内に

おける経験者獲得やキャリア採用を積極的に行うなど，実施体制の拡充を進めたうえで，2022年4月，組織名も「CXテクノロジー推進センター」に，2023年7月には「CXトランスフォーメーション推進センター」へと変更しています。

　この一連の組織強化，改称の狙いは，事業別に取組み方が異なり，そのうえ人の勘と経験に頼った，これまでの営業・マーケティングのスタイルを，データドリブンや顧客体験といった視点からデジタル技術を駆使して変革することにありました。現在，CXトランスフォーメーション推進センターは，旭化成グループ全体でのWebサイト（ホームページ）改革，BI（経営ダッシュボード等）活用やデジタルコミュニケーション技術（SNS，ECチャネル化）の展開，および事業戦略推進に向けたデータ分析領域強化を進めています。

②　DX経営推進センター

　旭化成グループのDX推進・企画について，一元的に各組織の業務・施策を効果的に推進することでDX経営を加速させるため，2022年4月に「DX経営推進センター」を設置しました。事業部門・スタッフ部門が描く戦略の立案・推進を，デジタル技術を用いてツール面から支援することで，経営の高度化・変革を図ることを目指しています。

　DX経営推進センターは，事業部格の組織として新設され，その傘下に，DX企画管理部，共創戦略推進部，インフォマティクス推進センターのDX推進部，研究・開発本部のDX事業開発部を集約しました。この4組織集約の目的は，各組織の業務を整理・一元化することで，デジタル共創本部の取組みを，ひいては旭化成グループのDX経営を加速させることにありました。

　2023年1月には，DX経営推進センター内に「デジタルタレント戦略室」を新設しました。デジタル共創本部は，設立と同時に「全社員デジタル人材化計画」を打ち出し，オープンバッジなど人材育成カリキュラムを開始，2023年度からスタートした中期経営計画「Be a Trailblazer」では，デジタルプロフェッショナル人材を10倍（2024年度末2,500人）に拡大するKPIを設定するなど，デジタル人材の育成をDX加速の最重要ファクターとして位置づけています（**第3章 3**(3)②参照）。

　この人材育成のためには，教育プログラムはもとより，人事制度・処遇制度

の見直し，D&I（Diversity & Inclusion）推進，働き方改革など，人材施策を総合的に進める必要性が出てきました。そこで，本部内にデジタル人材施策を担う専門組織を発足し，人事部との協力・連携を強化することで，これらの課題への対応をより迅速かつ強力に推進することとなったのです。デジタルタレント戦略室の主要業務は**図表5－6**のとおりです。

図表5－6　デジタルタレント戦略室の主要業務

①人材育成推進	オープンバッジ浸透，デジタルプロ人材増強，他社との連携（**第6章**で詳述）
②D&I推進	外国人・女性の積極採用，キャリア採用拡大
③人材育成の制度・仕組み改善	高度専門職増大，スキル・成長の見える化
④働き方改革	リモートとのハイブリッドで最高の生産性追求

　このように，いくつかの組織見直しを経て，デジタル共創本部は，5つの事業部格の組織が並列するシンプルな内部体制となりました（**図表5－7**）。現在，250名を超えるメンバーが，グループのDX推進のために活動しています。

図表5－7　デジタル共創本部　現在の体制（2024年3月時点）

⑷ リレーションシップ・マネージャー（RM）制度の目的・具体的内容

　前述のように，旭化成では，グループ横断のDX組織としてデジタル共創本部を設立し，DX推進体制の強化を図っています。しかし，グループの事業は多岐にわたり，取組内容や必要となる人材も，事業や業務によって異なってくるため，現実的に横連携が非常に難しいという事情があります。そこで，事業を横断した連携を強化するために，リレーションシップ・マネージャー（RM）制度という仕組みを導入しています。デジタル共創本部の各センター長が，各領域の事業本部長や事業会社のトップと各事業におけるDXの戦略，重点テーマ，人材育成などについて，進捗や課題を共有し，戦略的な取組みを進めています。

　RMは，それぞれがデジタル共創本部のセンター長として，各DX領域（研究開発，生産・製造，IT基盤）の責任者でもあるので，グループの各領域のDXの進捗状況を，各事業部門・事業会社のトップと情報共有することで，ある事業から始まったDXの動きをグループ全体に広げるために効果的な役割を果たしています。このRM制度により，各事業における各々のDX活動を孤立させることなく連動させることができます。また，個々の経験や人脈を属人化させず，それらをグループ全体で継承し，次の世代に託していくといった組織

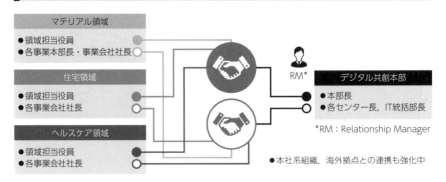

図表5－8　事業部門・事業会社との連携強化

DXリレーションシップ・マネージャーを配置することで事業部門との連携を強化し，事業特性に応じたDXの方針を策定

マテリアル領域
- 領域担当役員
- 各事業本部長・事業会社社長

住宅領域
- 領域担当役員
- 各事業会社社長

ヘルスケア領域
- 領域担当役員
- 各事業会社社長

RM*

デジタル共創本部
- 本部長
- 各センター長，IT統括部長

*RM：Relationship Manager

- 本社系組織，海外拠点との連携も強化中

風土の醸成を目指しています。

このRM制度については，毎年度末に，パートナーシップ・アセスメントというスコアカードを用いて，事業部門・事業会社トップによる評価を受けています。制度開始初年度である2021年度のスコアカードで出てきた代表的な評価コメントを一部，以下に紹介します。

① RM会議において，グループ全体でリソースをかけて本気で変革を行う意思が周知され，各部門・部署におけるDX推進を大きく前進させた

② RMが，デジタル共創本部や他の事業とのパイプ役として，相談しやすい環境を整えていると感じる

③ RMをはじめ，デジタル共創本部が日々のDXやITに関連する相談窓口になっており，この存在は心強い

④ RMにDX関連の人事ローテーションの相談にのってもらい，デジタル共創本部からの異動・兼務を実施した

⑤ 新規ビジネス創出には，事業会社単独ではできない他社連携に関して協力を得ている

上記RM制度のほかにデジタル共創本部と事業部門・事業会社との連携強化策として，デジタル共創本部と事業間の定期的人材ローテーションを行い，デジタル共創本部に所属してデジタルスキルを磨いた社員が，事業の現場の課題に対峙し，DXを実践しています。また，事業部門の現場感覚をもった社員が，一定期間，デジタル共創本部で業務を経験しデジタルスキルを高めたのち，事業の現場に戻って還元していく，といった好循環を生み出す仕組みも実施しています。これは，今後，グループ全体の仕組みとして検討しています。

また，デジタル共創本部の設置後，これまで旭化成ではあまり取り組んでこなかった，社内外への啓発活動や，経営層に対するDXに関するKPIの説明と進捗報告，各事業部門との協働（共創）テーマの月次フォローアップなどにも注力しています。こうした新たな施策を多々打ち出しており，それはグループ全体の共創を活性化させていく風土変革にも貢献しています。

3 | DX人材確保の経緯　（キャリア採用の拡大）

(1)　組織体制強化に伴う人材確保の必要性

　デジタル活用によるDXビジョンの実現とオープンイノベーション，共創を進めるためには，旭化成グループの事業部門・事業会社との連携が不可欠です。デジタル共創本部設立当初の人員体制だけでは，これらの目的を達成するのは難しい状況でした。既存の従業員のスキルアップや成長を促すことも必要ですが，多様な経験を持った旭化成グループでは希少な人材を新たに採用すること（キャリア採用等）が急務でした。特にデジタルノーマル期を見据えて，事業部門のDX人材を強化していくためには，デジタル共創本部から事業部門に異動し，事業部門の中で指導・教育に従事できるような人材を早急に増やす必要がありました。

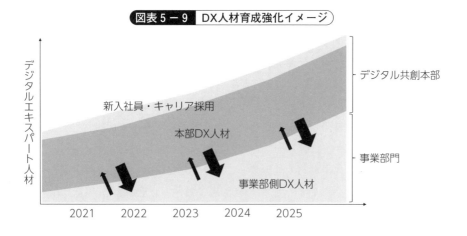

図表 5 − 9　DX人材育成強化イメージ

　DXをD（デジタル）とX（トランスフォーメーション）に分けて考えると，Dのスキルを持つ人材だけでなく，Xの能力を持つ人材をより一層多く増やす必要があります。現場で求められているのは，新たなビジネスを顧客とともにデザイ

ンできる人材（ビジネス・イノベーション人材）や，デジタル技術に理解がありながら変革をアジャイルに推進できる人材（デジタル変革推進人材）です（**図表5－10**）。

図表5－10　デジタル時代に求められる人材

デジタル時代の特徴　　　　　　　　　　デジタル時代に求められる能力

デジタル技術の急速な進化
　（AI，データ分析，IoTなど）

顧客接点を起点に変革が進む

アジャイルな活動推進
　（いち早く上市し修正を重ねる）

ビジネス・イノベーション
新たなビジネスを，<u>顧客とともに</u>デザインする

デジタル変革推進
デジタル技術に理解があり，変革をアジャイルに推進する

テクノロジー活用
<u>デジタル技術</u>を取り扱うことができ，それを新しい<u>顧客価値</u>に変換する

デジタル人材

　デジタル共創本部を設立した時点で，旭化成は化学企業として，日本では一定の知名度を有していましたが，デジタルという観点でIT企業等と比べるとその知名度は十分とはいえませんでした。そのため，上記のスキル・能力を持つデジタル分野の転職希望者が，それらのIT企業等に優先して旭化成を選ぶ保証はありませんでした。そこで，旭化成が目指すデジタルノーマル期のビジョン，全従業員教育のオープンバッジ制度，これまで取り組んできた多様なDXテーマなど，旭化成の本気度を示す数多くの情報を積極的に発信してきました。また，転職希望者のこれまでの経験や実績，意気込みを重視し，これまでの旭化成のキャリア採用では選考対象から外れていた多様なバックグラウンドを持つ人材にまで範囲を広げました。

　さらに，キャリア採用Webサイトとは別に「DXエンジニアキャリア採用特設サイト」を立ち上げています。このサイトでは，キャリア入社した社員のインタビューやデジタル共創本部のミッションなどの情報を提供し，転職希望者

に旭化成の魅力を伝える工夫を凝らしています。DXに特化したキャリア採用Webサイトの構築は，当時の事業会社の中では珍しい取組みだったのではないかと考えています。後に入社した社員からは「Webサイトのインタビュー記事などから旭化成の雰囲気，旭化成のDXに対する本気度が伝わった」と高い評価を受けました。現在もこのサイトは，最新の旭化成のDX状況が伝わるように，定期的に内容を更新しています。

（参考）
「DXエンジニアキャリア採用特設サイト」：https://www.rs-information.com/asahi-kasei-dx/

DXキャリア入社者インタビュー①

　2022年4月に通信会社から，デジタル共創本部に高度専門職として入社した従業員に話を聞きました。

質問：現在どのような業務に携わっていますか？

　現在は住宅事業におけるエネルギー分野の新規事業立ち上げに携わっています。事業構想案を作り旭化成グループ一体となって進めている手ごたえを感じています。デジタル共創本部ならではのデジタルの力で事業や技術をつなげることで，カーボンニュートラルに貢献できればと思っています。

　旭化成は本当に様々な事業があり多様性に富んでいます。事業環境が違うため様々な人がいて，長期的な視点を大事にする人，顧客要求にしっかり応えたいと思っている人，技術軸で研究データに真摯に向き合う人，調査研究で最新技術を追求する人など1つの会社の中に非常に多様な方がいる印象です。ヘルスケア事業も住宅事業も1人の人間行動という視点でみれば生活面でつながっているので，これを連携させることで新しい付加価値を創り出すことがデジタル共創本部の使命だと感じています。

質問：旭化成の高度専門職制度（第６章参照）はどう感じていますか？

　高度専門職制度は他の会社にもありますが，旭化成の制度の特徴的な点がいくつかあります。まず役員クラスの専門職（エグゼクティブフェロー）までしっかり体系が整備されているので，マネージャー同様に専門職としても極めることができる可能性があることです。専門性を大切にする会社だと思います。また任期が３年と決まっているので，常に最新の技術やスキルを身につけて専門性を判断する仕組みとなっています。過去の成果だけでなく，成長しつづけられる人が専門職として長く活躍できる制度になっているのも特徴です。さらに私のようなキャリア採用者でも前職での実績を見て任命してもらえます。

図表５－11　高度専門職の区分と役割

[区　分]　　　　　　　　　　　　　　　　[役　割]

エグゼクティブフェロー（執行役員相当処遇） 新しい技術領域を創出した，あるいは技術領域を著しく拡大した実績を持つ者	シニアフェロー（理事～執行役員相当処遇） 定年到達後の任期満了に伴いエグゼクティブフェロー，プリンシパルエキスパートを退任した後も引き続き右記役割を担うと期待される者
プリンシパルエキスパート（理事もしくは上席理事相当処遇） 各技術領域におけるトップ技術者	

専門性・処遇 →

①トップ専門職として技術と専門性を深耕・発展させて新事業創出や事業強化に積極的に参画貢献する
②当該領域の人材育成を行う

リードエキスパート プリンシパルエキスパートに次ぐ専門職 （プリンシパルエキスパートの候補者）
エキスパート リードエキスパートに次ぐ専門職 （リードエキスパートの候補者）

技術や専門性を深耕・発展させて新事業創出や事業強化に積極的に参画貢献する

質問：入社後，旭化成の印象はどう感じていますか？

　「さん付け文化」というのもありますが，ヒエラルキーはほとんど感じません。役員クラスの方から田町のフリーアドレスオフィスで気軽に声をかけてもらえます。すぐ近くの席に座っていて話しかけやすく距離感が近いため，調整するのに時間がかからない，すぐ報告・相談して決められる，など自由闊達でフラットな組織だと感じています。

　また，業務の裁量が大きく具体的なやり方については担当者に任せてくれる文化があります。といっても，決して放置されるのではなく，相談すればすぐにアドバイスをもらえます。

　さらに，家庭環境や在宅勤務環境などそれぞれの生活スタイルを皆で認め合う雰囲気があります。有給休暇や育児休暇も取得しやすいと思います。

(2)　DX人材キャリア採用の実績（苦労・成果）

　DXエンジニアキャリア採用特設サイトや高度専門職制度などのプラットフォームは整備されたものの，実際のキャリア採用には多くの課題がありました。新しい組織のミッションはWebサイトだけではなかなか伝わりにくく，DXテーマの詳細については機密上掲載できない情報もありました。そこで，面接などのコミュニケーションの機会に説明することを心がけ，旭化成の社風や旭化成らしさが伝わるように努力しました。

　特に転職希望者とのミスマッチを避けたいため，旭化成の事業会社ならではのDXの特徴，多様な事業を抱え現場の意見が重視されるボトムアップ型の組織であることなどを具体例を交えて説明しています。面接は選考の場であるとともに転職希望者に旭化成を選んでもらう場でもあるため，双方向のコミュニケーションを意識しています。

　入社前には田町CoCo-CAFEで懇談会を行い，面接官以外の数多くの従業員と接点を持つことで旭化成らしさが多面的に伝わるような工夫も行っています。

　DX業界の転職希望者のニーズ（早期入社したいなど）に合わせて，面接プロセスをかなり柔軟に変更できるようにもしたことも，これまでの旭化成のキャリア採用とは異なるアプローチです。結果的に応募から入社までの期間が大幅に短縮されました。

　これらの工夫が奏功し，2021年度の下期以降，旭化成への入社希望者（リファラル採用も含む）が大幅に増加しています。面接時に，デジタル共創本部の様々な活動（DX説明会，DX銘柄，オープンバッジ，Blue Plasticsなど）について，応募者が言及することも増えています。その結果，2022年度にはキャリア採用で多数の高度専門職人材を獲得することができました。

　なお，入社後のキャリア採用者向けアンケートでは，「旭化成のDXに対する本気度」や「会社の社風や文化，人柄」が入社の決め手の1つであったと多くの方が回答しています。入社後に社内外・多方面で活躍し，「世界の人びとの“いのち”と“くらし”に貢献」していることは，採用担当者にとっても非常に喜ばしいことだと思います。これからも旭化成らしさが伝わる採用活動を続けていきます。

DXキャリア入社者インタビュー②

　2022年2月にITコンサルティング会社から，デジタル共創本部に入社した従業員に旭化成の印象などを聞きました。

質問：旭化成にご入社する前はどのような仕事をしていましたか？

　主に製薬・ヘルスケア業界のコンサルタントとして機械学習を中心としたシステムの構想策定，要件定義などに携わっていました。前職では様々なことを勉強することができましたが，プロジェクト化されて構想を具体化するフェーズだけでなく，その前後にも広く関わりたいと考え事業会社へ転職しようと思いました。事業会社の中でも，自分の専門である製薬業界の知識を活かしつつ，幅広い業界のDXに携わるチャンスがあることから，旭化成に決めました。

　実際に入社して働いてみて，旭化成は自社で開発チームを持っていることもあり，企画，開発，運用しながらの改善活動まで幅広く携われる点が私に合っていると思います。プロジェクト化される前から相談にのり，最後まで事業部の方々と一体となって仕事ができるのは，これまでできていなかった充実した経験だと思っています。

質問：職場の雰囲気はどうでしょうか？

　入社して意外だったのは，役員クラスや上司の方が丁寧語で話しかけてくれることです。「さん付け文化」にもあるように，上下の風通しが良く，下からの意見が言いやすいのは非常に良い文化だと思います。

　旭化成の中でもデジタル共創本部は，やりたいことを積極的に発信していれば，それを考慮したプロジェクトアサインをしてくれる風土があると思います。得意分

野をお互いに教え合う文化や定期的な勉強会があり，学習と実践の両面からスキルアップをサポートする体制が整っています。私自身も，チームメンバーの力を借りながら未経験だったUXデザインに挑戦しているところです。

第 6 章

旭化成のDX教育・人材育成

1 DX人材育成の課題

　DX（デジタル＋トランスフォーメーション）の成功のためには人材が不可欠です。では，どのような人材が必要なのでしょうか。

　旭化成は，求める人材像として，「デジタル活用人材」と「デジタルプロフェッショナル人材」を掲げています。前者は，「デジタルツールを活用して課題を解決しよう，組織の枠を超えて皆で議論しながら課題に取り組もう」というマインドを持って，事業や業務に取り組む人材を指します。一方，後者は，「高度なデジタル技術，データを活用して事業創出や課題解決を推進しよう」と取り組む人材です。しかしながら，**第5章 3** 「DX人材確保の経緯」に述べたように，DXを推進していくためにはデジタル共創本部設立時の人員では不可能であり，人材の育成とキャリア採用の拡大が必要となります。

　これまでは，「ITは情報システム部門に任せておけばよい」と他人事として考えていた社員が多数でした。実際のところ，情報システム部やITベンダーが提供するシステムやツールさえ使うことができれば，業務に特段の支障はなかったからです。

　ところが，オンプレミスからクラウドの普及，AI活用の普及，創造的破壊ともいわれる旧ビジネスモデルの衰退とプラットフォームビジネスの急成長など，IT・デジタル技術は劇的に進歩しています。それに伴い，これらのIT・デジタル技術を，単なる費用の削減を行うためだけでなく，生産性向上や新事業創出のために活用しなければ，事業の競争力強化と持続的成長を実現することは難しくなりつつあります。IT・デジタル技術を自分事として捉える必要性が生じているのです。DXは，これらの課題への対応策として不可欠です。

　旭化成もこうした流れから逃れられず，2010年代後半から，生産技術や素材の研究開発の分野でDX人材の育成に注力してきました。しかしながら，DXを推進するためには，生産技術や研究開発など一部の組織の取組みだけでは不十分であり，全社的な取組みが必要です。そのために，冒頭に説明した，全社員のデジタル活用能力の向上（「デジタル活用人材」の育成）と専門家の育成（「デ

ジタルプロフェッショナル人材」の育成）の2つを推進しています。

　この章では，旭化成のDX人材育成について説明します。

2　DXの人材育成

(1)　DXを成功に導くファクター

　旭化成では，DXを成功に導くカギとして「人」「データ」「組織風土」という3つのファクターを挙げ，DXの取組みを強化・加速するために，これらのファクターに紐づく様々な施策やプログラムを展開しています。

図表6−1　DXを成功に導くファクター

DXにおける成功ファクター

人　　データ　　組織風土

DXを強化し加速する取組み

人材フレームワーク	DXプラットフォーム	DX推進拠点
・経営陣と社員へのDX啓発 ・DX人財の育成と教育 ・高度専門職制度の加速と活用 ・ダイバーシティ・エクイティとインクルージョン	・データの統合とアクセス ・基幹システムとの連携 ・インフォマティクス基盤 ・デジタルツインの実現	・CoCo-CAFE開設 ・事業戦略との連携推進 ・DX体験と共創の空間

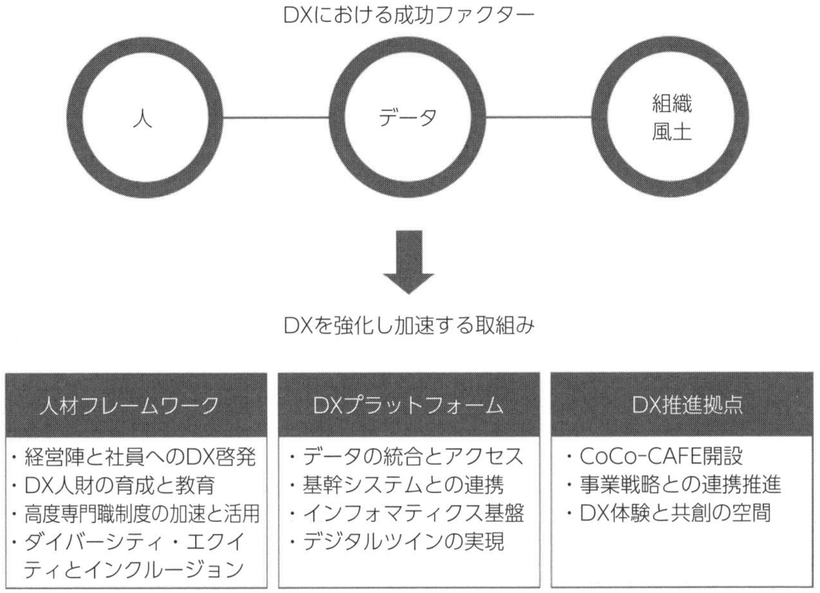

　DX推進において何よりも重要となるのが，蓄積された「データ」です。このデータは「宝の山」ですが，適切に活用されなければ真価を発揮しません。

各現場で眠っていたデータを事業部間で共有し活用することで，より質の高いデータの蓄積を心掛け，DXのさらなる発展を図っています。

また，データを活用するには高いDX技術を持つ「人」も重要です。2024年までに2021年度末の10倍に当たる2,500名のデジタルプロフェッショナル人材を育成・確保することを目標に掲げ，人材育成にも力を入れています。

そして，現場のリアルな経験から新たな価値を創造する「組織風土」の醸成も重要です。DXはデジタル技術に通じた特定のスペシャリストだけで進められるものではなく，全社員がデジタル技術の活用に意識を向け，データの重要性を理解し活用できるようになることが求められます。そのために，旭化成は，「デジタル人材4万人化計画」を掲げ，全社員がデジタル活用人材になれるような育成プログラムを進めています。

(2)　人材の定義と育成の概要

上記で説明した旭化成が求める人材の定義や育成の概要をまとめると，**図表6-2**のとおりです。

図表6-2　デジタル人材育成の概要

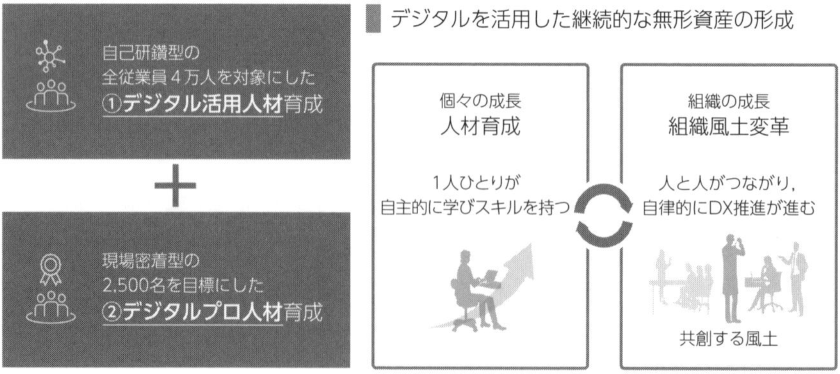

旭化成では事業部・組織単位ではなく，事業部・組織をまたいだ全社的なDXの取組みを進めています。このような全社横断的なDX推進・共創を成功させるためには，デジタルのエキスパートを育成するだけでなく，全従業員のデ

ジタルリテラシーの底上げが必須です。そのため，全従業員が学ぶことができるデジタル教育の提供が必要だと考えています。

　従業員1人ひとりが強制されるのではなく，自己研鑽型で自主的にデジタルスキルを学び，身につけることのできる環境を整えたいと考えています。全従業員が受講できるデジタル教育を提供することで，従業員同士がデジタルを共通の言語として使い，組織の壁を超えて，人と人がつながって自律的にDXが進んでいく組織風土を築きたいという想いがあります。このような，デジタルを活用した継続的な無形資産の形成を目指しています。

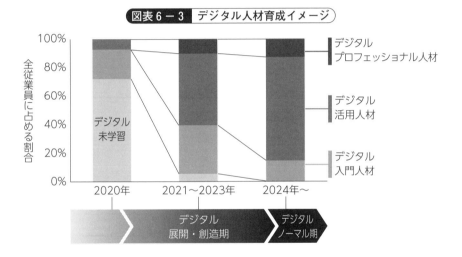

図表6－3　デジタル人材育成イメージ

　第3章に記載したように，旭化成ではDXのロードマップを定めて，DXに取り組んでいます。2024年以降の「デジタルノーマル期」では，全従業員が一定レベルのデジタル知識を持ち，業務にデジタルを活用できるようになることを目指しています。具体的には，デジタル技術の活用が日常的に行われ，その技術の可能性や限界を理解し，日々の業務の課題を自らの手で解決します。全従業員が一定レベルのデジタル知識を持つことで，事業・経営のトランスフォーメーションにつながる機会が増えることを期待しています。さらに，デジタル技術を特別視せず，それらのスキルを身につける意欲を持つ従業員が増えることで，組織全体のレベルアップにもなると考えています。

(3) 旭化成DXオープンバッジ

① 旭化成DXオープンバッジの仕組み

前章まで紹介してきたとおり，旭化成は，グループが蓄積してきた多様な無形資産を活用し，ビジネスモデルを変革し，価値創造をリードするためにDXを積極的に推進しています。その取組みの一環として，グループ全従業員のデジタルリテラシーの向上を目的とした「旭化成DX Open Badgeプログラム」（以下，「DXオープンバッジ」）を2021年6月から実施しています。

このDXオープンバッジは，全従業員をデジタル人材として育て，さらにその中から2,500名をプロフェッショナル人材とすることを目標に，5段階のレベルに分けて認定を行うプログラムです。

オープンバッジは国際的な技術標準規格に基づき発行されるデジタル証明・認証であり，ブロックチェーン技術が用いられていることから偽造や改ざんが難しく，信頼の高い学習・資格証明書として利用されています。海外では，多くの企業や大学がこのオープンバッジを採用しており，社員や学生もまた自らのスキルや経験を見える化し，それらをアピールするために活用しています。SNSやメールの署名，名刺ロゴなどを通じて，取得したバッジ（スキル）を示すことができます。

デジタルノーマル期に向けて，無形資産に新たな価値を与え，新しいビジネスモデル・新事業を創造していくためには，デジタルの活用が不可欠です。この過程で，全従業員がデジタル活用に対する意識を高め，各自のレベルを底上げすることが重要だと考えています。DXオープンバッジは，組織内の障壁を取り除き，グループ一丸となって取り組む組織風土を作りたいという想いから始まったものであり，DXを成功に導く重要なファクターである「人」「データ」「組織風土」の3つを強化し，そうした取組みを加速するための「人」と「組織風土」に関する施策の一環として位置づけられます。

全従業員を対象にしたDXオープンバッジは，デジタル活用の基本となる知識や技術について学び，理解を深めることで，デジタルリテラシーを向上させる自己啓発プログラムです。2024年以降のデジタルノーマル期には，会社全体で全従業員がデジタル技術を活用するのが当たり前になることを目標としてい

図表6-4　デジタル人材育成の全体方針

2021年度よりDXオープンバッジ（デジタル人材4万人育成）を開始
一部コースを除きレベル3までは開講済み。今後レベル4以上のプログラムも順次開講

高度専門職	IT領域	データ駆動型	データ基盤開発	ビジネス・デザイン
レベル⑤（デジタルプロフェッショナル人材）	ローコード・ノーコード開発	データ分析（DS育成）／MI（上級）	DB／スマートファクトリー	デジタルマーケティング／デザイン思考／スクラム実践／BI応用（Power BI）
レベル④（デジタル活用人材）	IT（業務システム）／ローコード・ノーコード開発	生成AI／データ分析（PU育成）／アプリ（API）開発／機械学習／MI（中級）	DB／DPF／スマートファクトリー	デジタルマーケティング／デザイン思考／スクラム実践／BI入門（Power BI）
レベル③	デジタル概論／IT	データ分析（GU育成）／Python／MI実践	データ活用／製造IoT開発	デジタルマーケティング／デザイン思考／アジャイル開発
レベル②	IT	生成AI入門／MI入門／データサイエンス／機械学習	データ活用入門／工場のIoT	マーケティング基礎／LV2 Garage入門
レベル①（デジタル入門人材）	IT入門	生成AI入門／AI入門	データ活用入門／IoT入門	Garage入門

※点線枠のコースは追加検討中

ます。

　長期的な視野で，デジタル活用を組織風土として根付かせていくためには，従業員が「やらされる」強制的なプログラムではなく，自主的に学習を行う環境を整えることが重要であると考えています。そこで，プログラムはあえて任意受講にこだわっています。また，先述のとおり，DXオープンバッジは，海外拠点も視野に入れた全従業員を対象としたプログラムです。一部の教材については，それらの拠点の所在国をカバーできるように多言語に対応し，各国文化にも配慮した教材を内製化しています。

　プログラムのレベル1からレベル5は，次のように設定しており，それぞれのレベルに対応したコースを設けています

> レベル1：基本を理解している
> レベル2：業務で活用するスキル・知識を理解している
> レベル3：業務改善などに実際に活用することができる
> レベル4：事業の競争優位力を強化することができる
> レベル5：組織，事業の変革を牽引することができる

②　全従業員が目指す「デジタル活用人材」

　レベル1，2は「デジタル入門人材」を目指すプログラムで，各レベルのコースをすべて受講すると，各レベルに応じたオープンバッジが付与されます。レベル1，2はeラーニングによる取得が可能であり，デジタルやITの基礎知識や用語を体系的に学ぶことができます。これらのレベルは，基礎の習得を通じて，まずは新しいことや業務改善を行うときに，デジタルの活用が武器になるという意識を持ってもらうために設計されています。デジタルを活用して日常業務を効率化できるレベルを目標としています。

　レベル3は全従業員が目指す到達点として設計された「デジタル活用人材」を育成するプログラムです。レベル1や2とは異なり，従業員自身がコースを選んで受講し，各コースの修了時にバッジが付与されます。プログラミング言語Pythonを学ぶコースも含まれており，一部のコースでは，実践的な体験型のトレーニングも行われています。レベル3までは，全従業員のデジタルリテ

ラシーを向上させるための施策です。

　2023年11月末時点で，日本国内の従業員のうち約半数がレベル3のバッジを取得しています。

　レベル1から3までのプログラムの大部分は社内で開発されており，自社のビジネスに関連する内容で教材が作成されています。レベル3までのDXオープンバッジは自己研鑽の一環と位置づけられていることから，学習意欲を促すために，バッジを取得した従業員の体験談などを社内ポータルで紹介しています。社長や会長もレベル3までのコースを受講しており，会社全体でデジタル活用の組織風土の醸成に努めています。

　プログラムはあくまでも任意受講であるため，受講者のモチベーションを高める取組みも行っています。例えば，受講者アンケートを参考に，教材の中で使用されるわかりにくい用語やIT用語を解説する辞書アプリを社内で開発し，公開しています。また，従業員が自ら実践している「身近なデジタル事例」を募集し，集められた事例を社内で共有しています。初回の募集では，1か月で80件を超える応募がありました。そのほかにも，DXオープンバッジに関する最新トピックスや社内のDX文化醸成の取組みについてまとめ，月1回メールマガジンとして全従業員に配信しています。

　さらには，レベル3のバッジを取得した従業員が，習得した知識・スキルを陳腐化させず，業務に活かせるように，復習や新しい知識習得の機会を提供しています。また，社内での市民開発（エンジニア以外の従業員が業務効率化のために行う開発活動）コミュニティの運用などを行っています。

⑷　デジタルプロフェッショナル人材の育成

　旭化成では，次の3種類の人材を「デジタルプロフェッショナル人材」と定義しています。

- ・　事業の背景を理解したうえで課題を整理し，解決できる人材
- ・　データサイエンスを課題に則して活用可能な形に変え，実装，運用できる人材
- ・　情報処理，AI，統計学などの知識を有し，活用できる人材

①　DXオープンバッジのレベル4とレベル5

⑶で紹介したDXオープンバッジのレベル4とレベル5は，デジタル変革を牽引するデジタルプロフェッショナル人材を育成するためのプログラムとなっています。旭化成は，事業が多岐にわたり，それぞれの事業で必要となるスキルも様々です。したがって，各事業や業務に応じたデジタルスキルの習得を可能とするため，複数のコースを用意し，その中から選択して受講できるようになっています。受講期間はコースによって異なり，1か月～数か月程度を要する設計となっています。

例えば，レベル4は，事業の競争優位を生み出す力を強化することを目的として，現場で本当に必要となるデジタルスキルが身につくように，アドバイザーと一緒に現場の課題解決に取り組む，実践型のコースが多くなっています。

また，レベル5の各コースは，旭化成グループの人事制度として運用している高度専門職制度におけるデジタルイノベーション領域（下記④で解説）と関連づけられています（図表6－4）。

このほか，DXオープンバッジのレベル4，5および高度専門職に加えて，生産領域と研究開発領域において，2019年から実施しているデータ分析人材（パワーユーザー）とMI人材（中級・上級）の育成プログラムもデジタルプロフェッショナル人材の育成と関連づけられています（図表6－5）。以下②③において説明します。

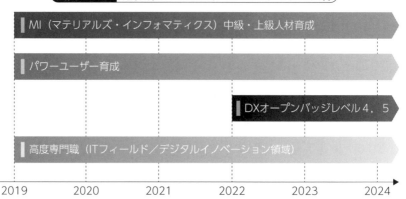

図表6－5　旭化成のデジタルプロフェッショナル人材

- MI（マテリアルズ・インフォマティクス）中級・上級人材育成
- パワーユーザー育成
- DXオープンバッジレベル4，5
- 高度専門職（ITフィールド／デジタルイノベーション領域）

2019　2020　2021　2022　2023　2024

②　データ分析人材育成プログラム（パワーユーザー育成）

第4章 2(5)で紹介したように，旭化成は現場の課題を数名のデータサイエンティスト（DS）だけで解決することは現実的ではないという問題意識から，パワーユーザー（PU）の育成に取り組んでいます。PUは，「データ分析手法の知識と活用スキルを有し，既知領域の課題の発掘を適切に行い，必要なデータの収集，分析，現場実装までを必要な部署・人員を巻き込んで主体的に遂行できる」人材と定義されており，デジタルプロフェッショナル人材と位置づけられています（**図表4－9**）。

生産製造現場では，このPU育成の一環として，DS＝メンターとPU＝現場のデータ分析エンジニア，原理原則アドバイザー＝現場を知るベテラン熟練者が三位一体となって現場課題を解決できるようなデータ分析教育を実施しています（**図表6－6**）。2019年より4年間で，すでに218テーマの現場課題に取り組み，245名のPUが育成されています。2022年度からは生産領域だけでなく，営業スタッフ部門など全社，さらには海外拠点まで対象を広げて，データ分析教育に取り組んでいます。

図表6－6　パワーユーザーの育成

現場の実テーマで6か月間の実践型データ分析人材育成プログラム

三位一体のデータ分析活動

データ分析専門家
データサイエンティスト（DS）

一緒に取り組む

現場エンジニア
パワーユーザー（PU）

DSの技術力向上

現場の実課題
218テーマを経験し
技術蓄積

現場を知り尽くすベテラン
原理原則アドバイザー

現場のデータ分析力向上

4年間で**245名**の
PUを育成

2019年度	2020年度	2021年度	2022年度
39名	46名	77名	83名

2022年度
営業スタッフ部門に加えて，海外拠点での育成を開始

③ マテリアルズ・インフォマティクス（MI）人材（中級・上級）

MIの人材育成プログラムでは，化学・材料研究者を対象に，MI利用環境を構築したうえで，実際の業務課題を題材とした演習等を実施しています（**図表6-7**）。MI人材は，プログラムの到達度に応じて初級・中級・上級と3種類に分かれており，2023年12月時点でデジタルプロフェッショナル人材に該当するMI中級・上級人材は500名を超え，MI活用のためのコミュニティも生まれるなど，切磋琢磨し支え合う風土が醸成されています。MI人材が中心となり，実際の素材開発においても多くの成果を上げています。

デジタルプロフェッショナル人材は，2022年度末時点で1,200名を超え，新規材料・製造プロセスの開発や生産製造の品質改善等で成果を出し，事業に貢献しています。2024年度末の目標2,500名確保を目指して，社内人材の育成を実施しています。

図表6-7　マテリアルズ・インフォマティクス（MI）人材育成

化学・材料研究者を対象に，MI教育を2019年より展開

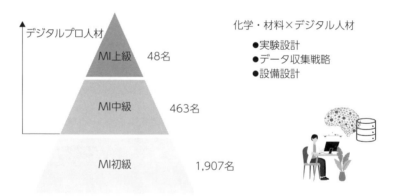

※人数は2023年12月時点

④ DXと高度専門職

旭化成のデジタルプロフェッショナル人材のもう1つの柱となっているのが「高度専門職」制度です。旭化成では，新事業創出，事業強化へ積極的に関与し，貢献することが期待できる人材を「高度専門職」として任命，育成，処遇する

ことで，社内外に通用する専門性の高い人材の層を厚くする「高度専門職」制度を**図表6－8**のように実施しています。高度専門職を5つの区分に分類し，それぞれの役割を明確にするとともに処遇を向上させ，人材の成長を促しています。また，優秀な外部人材を獲得するという狙いもあります。

　高度専門職の任命領域については，事業横断的に強化すべき技術領域である「コア技術領域」，各事業固有の領域である「事業部門固有領域」，全社横断的な重要職能領域である「コアプラットフォーム領域」の3つのカテゴリーに分かれています（次頁**図表6－9**）。

　DXを担う「デジタルイノベーション領域」は，当初データアナリティック技術（統計解析やAI等データ分析関連技術）とIoT基盤技術（データ収集，蓄積，活用関連技術）等を扱う，研究開発のコア技術領域の1分野として，2018年に新設されました。一方，DXを支える「IT領域」は当初からコアプラットフォーム領域に属しています。

　2022年にデジタル創造期における経営革新を実現するため，デジタルイノベーション領域をコア技術領域からコアプラットフォーム領域に移管しました。これによりデジタル技術を最大限に活用して，経営の高度化，ビジネスモデル

図表6－8　高度専門職の区分と役割（図表5－11再掲）

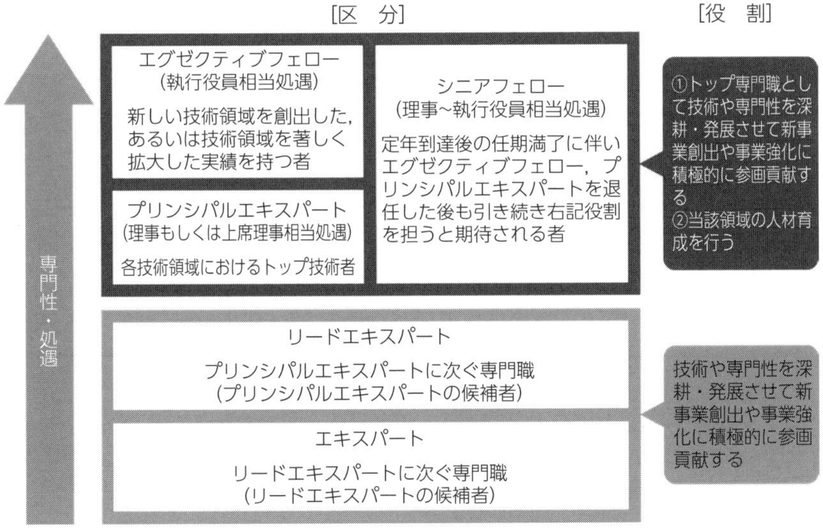

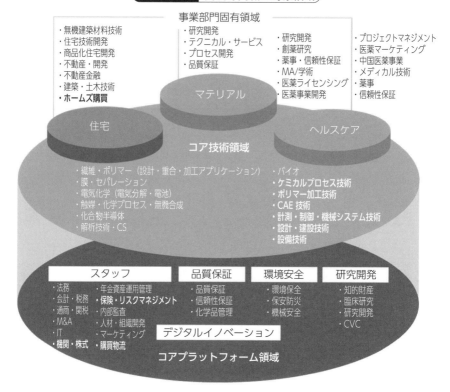

図表6－9　高度専門職の対象領域

事業部門固有領域

・無機建築材料技術
・住宅技術開発
・商品化住宅開発
・不動産・開発
・不動産金融
・建築・土木技術
・**ホームズ購買**

・研究開発
・テクニカル・サービス
・プロセス開発
・品質保証

・研究開発
・創薬研究
・薬事・信頼性保証
・MA/学術
・医薬ライセンシング
・医薬事業開発

・プロジェクトマネジメント
・医薬マーケティング
・中国医薬事業
・メディカル技術
・薬事
・信頼性保証

住宅　　　マテリアル　　　ヘルスケア

コア技術領域

・繊維・ポリマー（設計・重合・加工アプリケーション）
・膜・セパレーション
・電気化学（電気分解・電池）
・触媒・化学プロセス・無機合成
・化合物半導体
・解析技術・CS

・バイオ
・**ケミカルプロセス技術**
・**ポリマー加工技術**
・**CAE技術**
・**計測・制御・機械システム技術**
・**設計・建設技術**
・**設備技術**

スタッフ	品質保証	環境安全	研究開発

・法務
・会計・税務
・通商・関税
・M&A
・IT
・**機関・株式**

・年金資産運用管理
・**保険・リスクマネジメント**
・内部監査
・人材・組織開発
・マーケティング
・**購買物流**

・品質保証
・信頼性保証
・化学品管理

・環境保全
・保安防災
・機械安全

・知的財産
・臨床研究
・研究開発
・CVC

デジタルイノベーション

コアプラットフォーム領域

変革などをリードする人材の育成と確保を加速させ，デジタル高度専門職の対象を，全職域，全組織，全地域にわたる全従業員に拡大することを目指しています。

　デジタルイノベーション領域をコアプラットフォーム領域に移管した際に，「データ駆動型」「データ基盤開発」「ビジネス開発」の3つのカテゴリーに再編成しました。

　「データ駆動型」の分類には，研究開発系の材料開発で用いられるMIを中心とするデータサイエンス，生産現場で用いられる統計解析を中心とするデータ解析技術，センサーデータの活用である信号処理技術が含まれます。「データ基盤開発」の分類には，生産現場でのデータ収集に用いるIoTセンサー技術や，

現場のデータをデータ駆動型で活用できる形に整理・保存するデータ収集活用基盤整備技術，クラウドやデータベース技術，これらに関連するソフト開発技術等が含まれます。「ビジネス開発」の分類には，新事業開発のためのアイデア創出，システム設計，それを遂行するプロジェクトマネジメント，デジタルマーケティング，デザイン思考のアジャイル開発など，事業を推進するための技術等が含まれます。

　また，前述したDXオープンバッジの最上位であるレベル5は，高度専門職のエキスパートレベルの技術要件の1つとして位置づけられ，DX関連のキャリアパスの一貫性と可視化を確保しています。これは，DX関連技術の底上げと普及を，社内で広く推進する仕組みの1つとなっています。また，この「高度専門職」制度は，キャリア採用においても，高い専門性を持ったデジタル人材を適した処遇で獲得できるという点で，非常に役立っています。

　このように旭化成では，従来から設けていた専門職制度にデジタルイノベーションに必要な技術を取り入れ，デジタル人材育成の制度と関連づけることで，全社一丸となったデジタル化の取組みを進めています。

3　社外，地域との連携

　日本の多くの企業では，DXを推進するうえで，デジタル人材の育成が共通課題となっています。各社が独自の教育プログラムを実施していますが，個社でのデジタル人材育成には限界があり，非効率だと考えられます。そこで，企業の枠を超え，デジタル人材育成を進めるために，旭化成を含む民間企業5社で「未来のデジタル人材の会」を立ち上げました。「未来のデジタル人材の会」では，各社の人材育成プログラムの相互乗入れなど，デジタル人材育成という日本企業共通の課題解決に向けて，産業の枠を超えて協力し合うことで，日本のデジタル人材レベルの底上げを目指しています。

　この会は定期的に開催され，参加企業は，デジタル人材教育プログラムの内容，成功例，課題などの詳細を情報交換しています。今後は，各社の取組みや既存のカリキュラムを共有し，分野ごとに共通の教育プログラムを作成するこ

とで，日本のデジタル人材育成を大幅に加速させることができると考えています。旭化成ではDXを皮切りに，企業間の協力関係を発展させ，企業間の壁を超えたデータ共有や共創を目指しています。

　地域社会との連携では，2022年に旭化成の創業の地でもある宮崎県延岡市の高校生を対象に，DXオープンバッジのレベル１，レベル２の講義を実施しました。生徒たちのデジタルへの関心は高く，次世代のデジタル教育支援を拡大していく予定です。今後は，旭化成DXオープンバッジを社外にも開放して，より広範な育成活動を進める計画を立てています。

第 7 章

旭化成のDX拠点
－CoCo－CAFE－

1 DX拠点の構想

　前章までに述べてきたように，旭化成のDX（デジタルトランスフォーメーション）に対する取組みは2015年頃に始まりました。初期はプロジェクトメンバーが少数で，特定の領域に絞ってMIやIoTの推進を行っていました。しかし同時に，革新的なデジタル技術が旭化成のビジネスモデルを脅かす可能性があるという危機感が生まれ，DXを会社全体で推進する必要が認識され始めた時期でもありました。

　2018年9月に経済産業省によりDXレポートが発表されたのとほぼ同時期，2018年10月に，生産技術本部内に「デジタルイノベーションセンター」(DIC) が，2019年4月には研究・開発本部内に「インフォマティクス推進センター」(IFX) が設立されました。

　DICは，生産現場の技術革新を統括する生産技術本部内に設置された生産現場のDXを推進する組織であり（**第4章 2** (6)参照），本社がある日比谷だけでなく，工場地区の富士や川崎，守山，延岡に拠点を構えていました。一方，IFXは研究・開発本部内に設置された研究開発のDXを推進するための組織で（**第4章 3** (4)参照），拠点が日比谷と厚木に分かれている状況でした。

　DXを推進する組織が，生産技術本部と研究・開発本部それぞれに設けられたものの，日常的な交流はありませんでした。分断された活動を続けている状態では，技術の革新が目まぐるしいこの分野で，世の中の流れについていくことはおろか，旭化成全体のDXを効率的かつ迅速に進めていくことは極めて難しい状況でした。

　この問題を解決するため，DICセンター長とIFXセンター長が，社内のデジタル関連組織を集約することを決断しました。2019年5月21日に，DICとIFX，そして総務部の一部メンバーが集まり，オフィス移転プロジェクトの立上げを検討し始めました。

2 オフィス移転プロジェクトの発足と立地選定

　新しいオフィスには，DIC，IFX，厚木に拠点を置く「医療IT研究部」，およびマーケティング＆イノベーションセンターの一部という総勢150人規模のデジタル関連組織が入ることになりました。各組織からそれぞれ2，3名がコアメンバーとして選ばれ，オフィス移転プロジェクトが発足しました。

　旭化成には，もともと工場や研究の現場で製品を生み出してきた歴史があり，常に現場主義にこだわって活動してきました。また，旭化成の強みは「多様性」と「変革力」にあると考えており，これはイノベーション創出に向けて人との交流・コミュニケーションを大切にする文化の上に成り立っています。

　旭化成が目指す「持続可能な社会への貢献」と「持続的な企業価値の向上」の実現には，こうした強みを生かしつつ，スピード感をもってDXを推進し，ビジネスモデルを変革することが極めて重要です。そのため，旭化成のDXは「基盤強化（DXリーダーの育成，デジタル人材の確保，働きがい向上）」と「事業高度化・変革（生産，R&D，事業戦略，新事業創出）」の両輪で考え，打ち手を同時進行で進める必要がありました。

　新たなオフィス構築において重視したポイントは次の3つです。

- ・　先端技術の共有を進め，技術力をさらに向上させ，旭化成のDXを強力に推進できること
- ・　最新のデジタル技術を取り入れたモデルオフィスを通じて，新たな働き方を提案し，イノベーション創出を促進できること
- ・　キャリア採用社員が働きたいと思える場所であること

　オフィスの立地選定にあたっては，東京地区で以下の条件を満たすエリアとすることを決めました。

- ・　全国各地にある旭化成の事業所へのアクセスがよいこと
- ・　従来の拠点勤務者の通勤圏内であること
- ・　キャリア社員の採用が進めやすいこと

　これらの条件を満たす候補エリアとして挙がったのが，品川・田町周辺エリアでした。このエリアは，羽田空港や新幹線も停車する品川駅に近く，社内の現場や関係企業，関係機関とコミュニケーションをとるために出張が多いメンバーに最適な立地だったからです。また，これまでの拠点（厚木，富士，川崎）の勤務者の通勤圏内にある点も好都合でした。さらに，社外から優秀なデジタル人材をキャリア採用するうえで，東京都内に拠点を持つことはアドバンテージになると考えました。

3 新オフィスのコンセプト「CoCo-CAFE」ができるまで

　エリアの選定後，2019年6月に不動産会社から得た物件リストの中から，候補地の現地視察を行いました。やはり百聞は一見に如かずで，書類上は似通ってみえる物件も，実際に足を運ぶと様々な違いが明らかになります。費用，内装，ビルの設備，駅からのアクセスなどを総合的に考慮し，田町ステーションタワーNを新オフィスの地として選定しました。

　次に，どのようなオフィスにするかを検討しました。新オフィス構築プロジェクトのメンバーにはオフィス構築の経験がほとんどなく，ましてDXを推進するためのオフィスがどのようなものであるべきかの具体的なイメージも持ち合わせていませんでした。そこで，不動産会社の紹介で，まずオフィス構築について先進的な他社のオフィスを見学することから始めました。

　見学にあたっては，オフィスのコンセプト，ゾーニング（スペースを機能や用途ごとに区画分けする），来訪者への見せ方（受付やデモルームの配置），イノベーションを促進するための仕掛け（執務スペース，コミュニケーションスペース，会議室，デジタル機器）など，チェックすべきポイントをメンバー間で事前共有しました。実際の見学では，各社の担当者からそのこだわりについて直接説明を受けるとともに，フリーアドレス制のオフィスでのマネジメント方法をどうするかなど運用面に関する質問を行うこともでき，新オフィスのイメージ作りに大いに役立ちました。

　新オフィスのイメージは固まりつつありましたが，見学に参加したオフィス

　移転プロジェクトのコアメンバーだけではなく，経営層や従業員にとっても納得できるオフィスにしたいという思いがありました。そこで，新しいオフィスに対する期待や要望を把握するため，オフィス構築に精通したコンサルティング会社の支援を受け，移転対象の従業員全員にアンケートを実施し，各部署の代表者による討議（ビジョンセッション），さらにはこれらの代表者のほか担当役員に対してインタビューを行いました。

　アンケートでは一問一答形式の項目だけでなく，日々の行動状況を把握するために1週間毎日回答する必要がある項目もありましたが，90％近い回答率になりました。また，討議やインタビューでは積極的に意見が交わされ，役員へのインタビューでは，技術領域担当の副社長から直接その思いを聞くことができました。その結果として，旭化成の役員・従業員が自ら考える，理想とする働き方，自社の強みや存在価値，オフィスで実現したいことを次のように整理しました。

　＜理想とする働き方＞
・　オープンで多様なコミュニケーション
・　デジタル機器による事務作業の効率化
・　場所や時間に縛られない
・　広い視野と先進の情報共有
・　メリハリのある働き方
　＜強み・存在価値＞
・　異業種や多様な技術，外部との融合
・　今までにないものを作る
・　製造現場の課題解決と高収益化
・　デジタルディスラプションへの対応力
・　先進の医療ソリューション
　＜オフィスで実現したいこと＞
・　デジタル機器活用の制約緩和と効率化
・　集中スペース
・　リフレッシュスペース
・　使いやすく集まりやすい会議スペース

　これらを踏まえ，オフィスのコンセプトは，「カフェのような，人が集まり，コミュニケーションでき，集中して自分の世界に入ることもできるデジタルイノベーションスペース」とし，名称は「CoCo-CAFE」と決まりました。CoCo-CAFEは，「**Co**mmunication & **Co**ncentration」および「**C**reative, **A**gile, **F**lexible and **E**volving」の頭文字をとったもので，コミュニケーションと集中を通じて，創造的に，機敏に，しなやかに，進化し続ける"場"と"人"を意味しており，オフィス構築に携わったメンバーの思いが込められた名称です。

4 CoCo-CAFEの特徴

　イノベーションを生み出すような知的生産活動を促進するためには，集中業務とコミュニケーションの双方が重要です。この2つの業務行動のバランスをとることが求められます。ミーティングに関しては，参加人数や，プライバシーの要求レベル，バーチャルかリアルかといった様々な要件に柔軟に対応できることが求められます。デジタルツールの活用には，機器類などのインフラの整備だけではなく，運用の簡素化や電子化の促進も不可欠です。

　また，社員同士の交流は，誰がどのようなスキルや知見を持っているのかを知る契機となるため，出会いを促す仕掛けも重要です。さらに，DXの加速に伴う人員増に対応するため，オフィスには可能な限り柔軟な設計が求められます。

　「CoCo-CAFE」のオフィスデザインは，「エントランス」と「執務室」という2つの主要エリアに分けられています。エントランスエリアは，来訪者との接点となる場所であることから「港」をイメージし，白と青を基調とした配色でまとめています。受付にあるベンチシートには，インナーブランディングの効果も考慮し，旭化成の高級スエード調人工皮革＜Dinamica®＞を使用しています。その周辺にある会議室には「Harbor（港）」「Lighthouse（灯台）」「Anchor（いかり）」「Pier（桟橋）」といった，情報と人が行き交う港を連想させる名前を付けています。

　エントランスエリアの隣にある「マルチパーパスルーム」はにぎやかな街を

イメージしており，まさに多目的に利用するための部屋です。普段，イベント等の利用がないときは，無料でコーヒーやお茶，天然水などを飲むことができ，軽食やおやつ，ジュースなども購入できるカフェのような空間になっています。ここでは自由に席に座って，仕事をしたり，ランチを食べたり，談笑しながら情報交換ができます。

　CoCo-CAFE内だけでなく他拠点とも技術的な情報共有を行えるよう，発表会などを開催するための機器を導入しています。また，家具類には移動しやすいものを採用し，机や椅子を片付けたり，並べ替えたりすることで，会議やワークショップ等，目的に応じた利用が可能です。夕方6時以降は，カウンターに「CoCo-Bar」という小さな看板を置いて，アルコールを含む交流の場を提供しており，従業員同士はもちろんのこと，社外の方との親睦を深めることができる「共創」の場となっています。

図表7－1　CoCo-CAFE

　マルチパーパスルームの奥にある執務室エリアは，手前から「Agile（実証実験）」「Communication（交流）」「Living（リフレッシュ）」「Concentration（集中）」という4つの大きなゾーンに分かれています。エントランスがコーポレートカラーである青の色調であるのに対し，執務室にはオレンジ色を効果的に用いるなど，これまでの固定観念にとらわれない自由な発想を大事にしたデザインとしました。

　ゾーンごとに，移動しやすい机を置いた実証実験をするエリア，ファミレス風のミーティング席やホワイトボードを置いた打ち合わせのためのエリア，休

憩ができるソファエリア，1人用の集中ブース，高さを変更できる昇降デスクというように，各エリアのイメージに合った家具・什器を採用しています。特に集中エリアでは，作業に集中する人の業務を妨げないようにオンライン会議は禁止されています。

　メンバーの要望でホワイトボードも設置しました。オンライン型と手書き型の両方のタイプを用意していますが，シンプルな手書き型のホワイトボードも頻繁に使用されています。

　エリア内は完全フリーアドレス制を採用しており，従業員は自分の業務に最適な場所を自由に選べるようになっています。集中エリアを除いて，人が集まりやすく，コミュニケーションが活性化するような空間を意識して設計されています。ソファエリアは，長時間の作業や執務において，集中とリラックスの行き来ができる場が必要だという考えから設置されたものです。

　CoCo-CAFEの開設により，働き方を再考する機会を得ることができました。コロナ禍を経て在宅勤務が一般的になる中でも，DXを推進するメンバーの多くは，対面でのコミュニケーションの重要性を実感しています。オンラインツールを駆使しながらも，CoCo-CAFEでの直接的なコミュニケーションを継続しています。

5　CoCo-CAFEの姉妹拠点

　CoCo-CAFEのオープンが，社内においても話題となる中，住宅関連の拠点である神保町や，旭化成エレクトロニクス・SAGE・ONFをはじめとした旭化成グループの製品をまとめて顧客に提案する上海車載共創ラボなど，他拠点においても共創のためのオフィスが設立され始めました。特に注目すべきは，旭化成ネットワークスが2022年5月に旭化成の創業の地である宮崎県延岡市に開設したCoCo-CAFE NOBEOKAです。CoCo-CAFE NOBEOKAは，CoCo-CAFEの姉妹拠点としてオープンしました。

　旭化成ネットワークスは，データセンタービジネスを手掛けてきた会社ですが，2019年より業容拡大のため，ローカル5Gネットワークビジネスを展開し

ています。そのような中で，2021年になって，延岡市が進めるJR延岡駅前再開発プロジェクトの一環として建設中の「延岡駅西口街区ビル」内に，オフィステナントを誘致するという情報を得ました。延岡に拠点を置く旭化成ネットワークスとしては，延岡の地場の企業や自治体と一緒に新しい価値を創出することはできないか，そのためには共創の場が欠かせないのではないかと考え，このビルに，新たなオフィス兼ラボを作ることを決めたのです。

　CoCo-CAFE NOBEOKAのコンセプトは，CoCo-CAFEの共通コンセプトであるCAFE（「クリエイティブに」「機敏に」「しなやかに」「進化し続ける」）を踏襲しながらも，CoCoに「**Co**llaboration（コラボレーション）」「**Co**nnection（コネクション）」という独自の意味を込めています。延岡の企業，自治体，学校，そして旭化成グループの共創空間として，アイデア・技術・ビジネスをともに作っていく新しいデジタル共創ラボとしてスタートしました。

　この共創空間は，延岡の自然をイメージしたカフェ風のデザインを採用しており，展示エリアにはローカル5Gとつながる最先端のスマートデバイスであるエッジデバイスなど，普段はなかなか目にしたり手にしたりできないような新しい技術を紹介しています。また，CoCo-CAFE NOBEOKAで最も力を入れているラボエリアでは，ローカル5Gの環境下でスマートファクトリーをはじめとした様々なデジタル技術の実証実験を行うことが可能となっています。来訪者が自らの仕事のアイデアを検証することができるスペースになっています。

　CoCo-CAFE NOBEOKAとCoCo-CAFEの最大の違いは，CoCo-CAFE NOBEOKAは延岡市民にこのスペースを開放していることです。旭化成ネットワー

図表7－2　CoCo-CAFE NOBEOKA

クスは，共創の場所，機会，そしてコーディネーターとしての人材を提供し，創業の地である延岡で，延岡市民とともに新しい世界とのコネクトを実現し，DXを加速させていこうとしています。

第 8 章

旭化成のDX事例

❶DX／業務改革の基盤を創る

1 製造IoTプラットフォーム（IPF）

マテリアル・住宅・ヘルスケア

(1) 概　要

　2018年頃に製造現場でデータ利活用への注目が集まる中，各工場がベンダーに任せて独自・個別にデータ活用システムを導入することで，コストが増大し，会社としての方針が統一されていない状態になるという懸念がありました。そこで，全社共通のデータ活用基盤である製造IoTプラットフォーム（IPF）を企画しました。具体的には次の2つを実現する基盤を目指しました。

①　現場データ（機器の温度や圧力など）の収集，可視化
②　現場データの統計解析ツールを用いた分析

　IPFを利用することで，システム導入に係るコスト・時間の圧縮，手順の統一などを実現できたほか，工場横断のデータ活用，ノウハウ共有が可能になりました。ある工場では，温度・圧力データを活用することで，押出機の原料詰まりの予兆検知を実現しています。現場データをIPFに収集し，IPF上の統計解析ツールを使って分析モデルを作成しました。このモデルをリアルタイムで現場データに適用し，発生確率を工場の大型ディスプレイに表示することで，原料詰まりが発生する前に対処することが可能になりました。

(2) 工夫・苦労したポイント

　分析モデルを現場で運用する際には，モデルの新規構築・維持が重要です。そのため，IPF上でモデル構築・更新から現場データへの適用・可視化までをシームレスに実行できるようにしました。AWSクラウド上に基盤を構築することで，利用工場数や対象データが増えた場合にも迅速かつ柔軟に対応できるようになっています。クラウド利用の安全性に懸念を抱く工場もあるため，保存されるデータの暗号化や社内ネットワークからのみ利用可能な設計とすることで，各工場が安心して利用できるよう配慮しました。

　さらに，データ活用基盤を個別の工場ごとではなく，全社共通で構築したこ

とがクラウド上のリソースの節約につながり共通費を削減できたため，結果として運用コストを抑えることも可能になりました。

図表 8 − 1 − 1　IPF導入による標準化

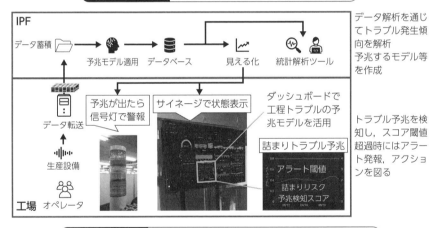

図表 8 − 1 − 2　工場での原料詰まり予兆検知の事例

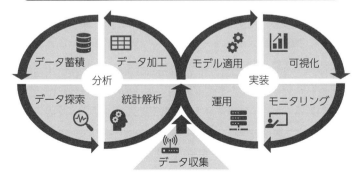

図表 8 − 1 − 3　分析から可視化までを単一の基盤で実現可能

❶DX／業務改革の基盤を創る

2 スマートファクトリー成熟度診断

マテリアル・住宅・ヘルスケア

(1) 概　要

　2020年度時点の旭化成グループの各工場では，日誌の電子化，IoT機器の導入，データ分析など様々なDXの取組みが始まっていました。しかし，その取組み方については工場ごとに差があり，また各工場においても何をどこまでやればよいのか指針を立てづらい状況にありました。こうした状況を踏まえ，生産技術本部デジタルイノベーションセンター（その後のスマートファクトリー推進センター，SFX）としても，旭化成グループの各工場の取組み全体を俯瞰して施策を検討するべきではないかと考えました。そこで成熟度診断ツールを開発し，2021年度より全社展開を進めました。

　このスマートファクトリー成熟度診断には3つの視点がありました。

工場	自工場の取組み全体を俯瞰し，コストダウンや喫緊課題への対応だけでなく，長期的視点に立ち，事業における「DX戦略」と工場の「目指す姿」に沿った施策を立案・実施する。
事業部	自部門における工場のスマートファクトリー化の進捗状況を客観的に把握し，事業部と工場の取組みの一貫性を確保し，それを通じて事業の強化・DXの推進につなげる。
SFX	グループ全体の共通課題を抽出し，それを解決する共通施策を立案・推進する。

　2021年度は日本国内を中心に，89の工場の診断を行いました。その結果，次の課題が明確になりました。

・　組織的に目標を持って推進できている工場が限定的であること

・　運転管理・品質管理へのデジタル活用が進捗している一方，属人的で熟練者への依存度が高い技術伝承などあまり進捗していない領域があること

　現在，各工場において，これらの診断結果を踏まえたDX計画の立案を進め，それに対するアクションが開始されています。今後は，国内外の未実施の工場に対しても展開し，この診断ツールを活用したPDCAを運用する仕組みづくり

を進めているところです。

(2)　工夫・苦労したポイント

当初は「他工場と比較されてしまうのではないか」との懐疑的な見方もありましたが，各地区の製造所長・工場長・マネージャー・製造スタッフ等への説明会を30回以上実施し，この診断の意義や価値を丁寧に説明し，理解を得ることができました。多くの質問や意見を受けながら，実施工場を着実に増やし，半年ほどの期間で89の診断結果が集まりました。

診断の実施に際しては，各地区の企画管理部門に地区内の取りまとめを協力要請し，各工場にはDX推進のキーパーソンを任命してもらいました。これにより，SFX，各地区，各工場間の連携体制を築くことができました。また，単に工場ごとに診断を実施して終わりでなく，複数の工場が集まってDXに関する情報交換会を開催するなど，実施後に診断結果を踏まえた行動計画・アクションの検討が行われるよう工夫しました。

図表8−2−1　スマートファクトリー成熟度診断

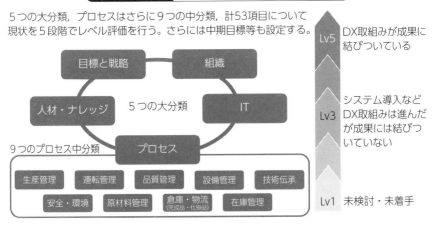

❶DX／業務改革の基盤を創る

3 ものづくりDB

マテリアル領域

(1) 概　要

　電子材料のある事業では，生産・品質データが国内外の４つの拠点に分散していたことから，品質に関する問い合わせに対する調査に膨大な時間と労力を費やしており，これが長年の課題となっていました。

　2020年度には，これらの各拠点の生産・品質データを，AWSクラウドを採用したデータ基盤である「ものづくりDB」（**図表８－３－１**）に集約する作業を開始しました。データの一元管理のために各拠点間・工程間のデータの紐づけを行うとともに，データ見える化やロットトレース機能も実装しました。2022年度には国内外の全拠点のデータを一元的に管理可能なデータ基盤として，「ものづくりDB」の構築・導入が完了したのです。この結果，次の成果をあげることができました。

- ・　品質調査時間を４週間から７時間へ短縮（**図表８－３－２**）
- ・　データ見える化によるプロセス改善

図表８－３－１　ものづくりDB導入前・導入後

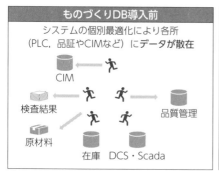
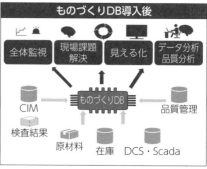

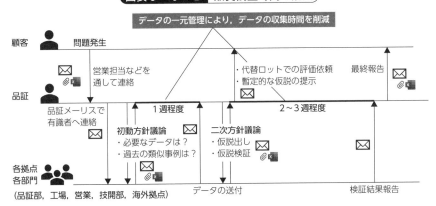

図表8-3-2　品質調査時間の削減

データの一元管理により，データの収集時間を削減

(2)　工夫・苦労したポイント

　日本と海外拠点では生産システムが異なるため，一元化するデータの項目名やテーブルごとのデータの保持方法が統一されていませんでした。そこで，データの紐づけを容易にするスタースキーマというテーブル設計手法を採用しました。これにより，構築作業が効率化され，品質の高い開発が実現しました。ユーザーは必要なデータを簡単に見つけることができるようになり，また，データベース言語であるSQLの教育訓練を実施することで，現場のユーザーが自らデータベースからデータを取得し活用できるようになりました。

(3)　担当者からの声

　「ものづくりDB」を活用した生産データの高速検索や可視化，変化点検知によって，これまで品質問題の解決においてボトルネックとなっていた原料ロットや不良ロットを抽出する情報収集プロセスを1時間以内に短縮できました。データを駆使することで品質保証プロセスの迅速化と顧客価値の向上も実現しています。さらに，「ものづくりDB」の構築を契機として，部署のメンバーが業務フローやDB設計，要件定義の重要性を理解し，積極的に習得する姿勢が生まれています。こうした現場の意識変革を持続させ，DXの取組みを定着させることで，業務改善や顧客価値のさらなる向上を目指しています。

❶DX／業務改革の基盤を創る

4 NICE（ヘーベルハウス®）

住宅領域

　NICE（ナイス）は，30年前に開発された，ヘーベルハウス建築に関する統合データベース（以下「DB」）システムです。入力が平面図中心なので，CAD（Computer Aided Design）と混同されることがありますが，実際には異なります。NICEは，単に設計・図面作成を行うだけでなく，「統合データの運用」により，多種多様な図面・帳票作成に要する多大な重複業務とミスの解消を目的としたシステムです。それまでは営業・設計が何日もかけて行っていた図面や部材リスト，見積りの作成・算出を一夜で実行できる革新的なシステムでした。システム上は，ERP（基幹系システム）のフロントにBIM（Building Information System）を接続したような構造で，当時は概念の説明自体も困難でした（**図表8－4－1**）。

　見積り作成機能などのERP機能は，データの一貫性を維持するための部材DBと，それに厳密に関連づけられた多様な出力用DBで構成されています。

図表8－4－1　NICE（ナイス）

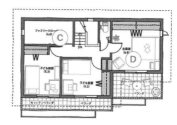

　一方，前半部（BIM機能）では，階層型BOM（部品表）が作成されます。自由設計の住宅では決まったBOMをあらかじめ準備できないので，この邸別のBOMのデータが入力のつど生成されます。よって，前半で邸別データが作成されると，後半では重複なしに各出力が得られる設計になっています。

　また，NICE導入目的は，ビジネスプロセス・リエンジニアリング（BPR）の側面が強く，入力作業の引継ぎによるロスを排除することも重要でした。そのためには，システムを徹底的にDB化したうえで，このDBのメンテナンスは各商品開発関連部署が担当し，邸別データの入力は最前線の各営業所が行うことが不可欠となるため，その合意形成と導入に多大な時間と熱意が必要でした。30年前の今思えば極めて乏しいIT資源の中で，NICEを実装した外部ベンダーのシステム構築力は，尊敬に値するもので，真のDXだといえます。

　NICEの邸別データは，その後，拡張利用され，邸別利益の予実算管理，部材の直接調達・ジャストインタイム搬入等，より広範で大きな収益力向上策に寄与しました。反面，一貫性のあるデータを維持するため商品開発を行う際の柔軟性が欠如してしまったことや，高度な自動入力を実装したことによって汎用パッケージの導入が難しくなったことといった課題も抱えていましたが，現在進行中のシステム更新ではこれらの問題への対応を検討しています。

図表8－4－2　NICE（ナイス）仕様価格情報システム概念図

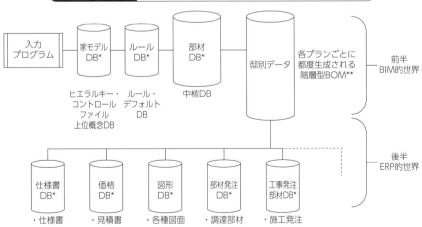

＊DB：データベース　　＊＊BOM：Bill Of Materials「部品表」

❶DX／業務改革の基盤を創る

5 データマネジメント基盤（DEEP）

グループ全体

(1) 概 要

　データマネジメント基盤（以下「DEEP」）は，旭化成グループが有するすべてのデータ資産を，グループのすべての人員が容易に探索・連携・活用できるようにすることを目指し，2022年4月より稼働を開始しました。

　DEEPは，**図表8－5－1**に示すように，社内外の様々なデータソースからデータを取得し，必要に応じて加工・変換したうえで，データ配信まで行う，「データ連携・加工」の機能を有しています。また，データの探索に使用するデータカタログ，スポットでのデータ参照・取得に使用するデータプレパレーションという「データ可視化」の機能も備えています。データ活用を迅速かつ効率的に支援することを一義的な目的と考え，DEEPにはあえてデータ蓄積の機能を持たせずデータの連携と可視化に特化し，基盤の各部分が独立して連携し合う柔軟な設計を採用しています。

図表8－5－1 DEEPの実現イメージ

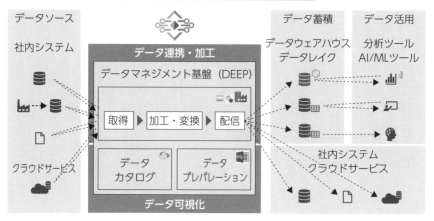

(2) 工夫・苦労したポイント

　初期投資を抑えつつ，迅速に基盤を立ち上げるため，DEEPでは全面的にクラウドサービスを採用しました。その結果，プロジェクト開始からわずか1か月でプロトタイプ環境を構築，その3か月後にはこのDEEPを活用して，複数事業にまたがる自動車領域販売データの可視化を実現しています。

　その後，約半年をかけて本番環境の構築を進めながらも，2022年4月にはカーボンフットプリントの見える化と，経営ダッシュボード実装に向けたデータ連携を開始しました。クイックスタート・スモールスタートというクラウドサービスの特性を活かし，データを実際に利活用する部署とデジタル共創本部が総力を結集したことで，基盤構築と複数のデータ活用プロジェクトを同時に完遂することができました。

　現在は，**図表8－5－2**に示すように，「①利用者のリテラシー向上」に向けた教育カリキュラムの充実やコミュニティの整備，「②データ管理・利活用の機能強化」に向けた検証（PoC）と本格展開，「③ガバナンスの確立と生産性向上」に向けた施策を継続的に進め，「⓪より多くのデータ活用案件に基盤として貢献」を迅速かつコストを抑えて実現すべく活動しています。

図表8－5－2　DEEPが目指す世界

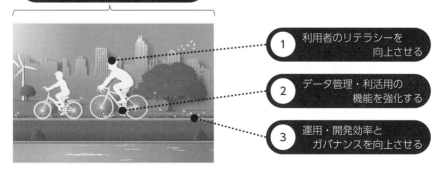

❶DX／業務改革の基盤を創る

6 データ分析人材（パワーユーザー）育成

（1）概　要

　各工場の製造現場や生産技術開発の現場においてデータ分析のけん引役となるデータ分析人材（パワーユーザー，PU）育成を2019年度に開始しました。現在は，製造・生産技術に限らず，品質保証，物流，営業，スタッフ部門，海外工場スタッフなど様々なメンバーが受講し，2022年度末までに累計約250名を育成しました。

　これは半年間の極めて実践的なカリキュラムで，単なる統計学の勉強会ではありません。「実践で身につける」というコンセプトのもと，各参加者が現場における実課題とデータを準備し，データ分析を実践します。そこで得た洞察を現場に適用して効果検証を行い，最終的には成果発表会で報告します。

　カリキュラムのうち最初のステップである座学セミナーでは，生データの取扱いや統計学・多変量解析手法（重回帰分析，決定木，PLS回帰分析など）の理論とともに，統計解析ソフトウェアJMP（SAS Institute社）のハンズオントレーニングを実施しています。

　次のステップ「データ分析活動（OJT）」は，このカリキュラムの根幹となる部分です。実施にあたってはPU 1 名に対してスマートファクトリー推進センターのデータサイエンティスト（DS）と原理原則アドバイザーが担当に付き「三位一体」で課題解決に向けて取り組みます（**図表8－6－1**）。データ分析で新たな気づきを得るにとどまらず，その分析結果を踏まえて設備運転条件を見直すなどの改善アクションを実施し，育成期間中にもかかわらず実際に品質や稼働率の向上を達成するPUも数多くいます。

　それらの活動結果をカリキュラムの最終ステップとなる成果発表会で報告することで，PUだけでなく，その上司や関係部署，事業部や地域のトップと共有し，データ分析の価値を広く社内に伝えています。PU育成修了後もPUとDSの交流は継続され，PUの分析能力のさらなる向上と現場での活躍を支援し，

社内各所でデータ分析に基づく意思決定や改善アクションが実施されるようになってきています。

(2)　工夫・苦労したポイント

　2019年にPU育成カリキュラムを開始するにあたって，1か月かけて全国の工場や生産技術の現場24か所を訪問し，内容や趣旨の説明を行いました。データ分析について「普段Excelで実施する集計分析や散布図グラフの作成と何が違うのか」とその有用性に疑問を持つ人も多くいました。そこで，実例を用いて，「多変量解析を使うと，単なる集計分析では得られない複雑な要因間の関係性を解明できること」を示し，理解を得ながら参加者を募りました。

　参加者は現場業務もこなしながら参加する必要があるため，時間の確保もポイントになりました。初回の2019年度は参加者39名と小規模なスタートとなったものの，2022年度までの4回の実施で多くの成果が上がっており社内の認知度も高まったことから，回を重ねるごとに参加者が増加しています。現在は，増えた参加者に対応するための体制を強化しています。

図表8-6-1　データ分析活動（OJT）の三位一体体制

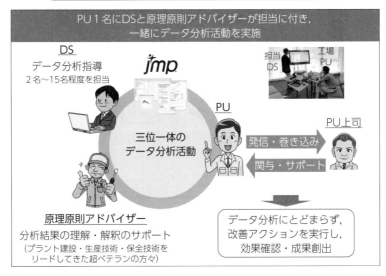

❶DX／業務改革の基盤を創る

7 DX銘柄

(1) 概　要

　DX銘柄とは，「東京証券取引所に上場している企業の中から，企業価値の向上につながるDXを推進するための仕組みを社内に構築し，優れたデジタル活用の実績が表れている企業」を，業種区分ごとに選定して紹介するものです。

　DX銘柄に選定された企業は，単なる優れた情報システムの導入やデータの利活用にとどまらず，デジタル技術を前提としたビジネスモデルそのものの変革および経営の変革に果敢にチャレンジし続けている企業とされ，選定された企業のさらなる活躍を期待するとともに，これらの企業の優良な取組みが他の企業におけるDXの取組みの参考とされます。

　「DX銘柄」は，経済産業省と東京証券取引所，およびIPA（独立行政法人　情報処理推進機構）が各社に「デジタルトランスフォーメーション調査」を実施し，回答した企業のうち，「DX認定」を取得した企業の中から選定されます。2023年の場合，約3,800社が調査対象となり，DX銘柄認定をされたのは32社となっています。

図表 8 − 7 − 1　DX銘柄2023のロゴマーク

(2) 工夫・苦労したポイント

　旭化成グループでもこの選定に挑戦することを決め，2021年度から取組みを開始しました。DX銘柄に選定されるためには，DXの準備が整っていることを示す「DX認定」の取得が必須条件です。そのDX認定を取得するだけでも経産

省から公表されている「デジタルガバナンス・コード」の基本的事項に対応する必要があります。

　DX銘柄の申請ではさらに多くの調査に回答する必要があります。審査は2段階で，1次審査はDX調査の選択式項目の回答（記述すべき箇所も多数あり），および3年平均のROE（自己資本利益率）によりスコアリングが行われます。ここで，一定の基準を超えた企業が2次審査へ進むこととなります。

　2次審査は記述式項目で，企業価値の貢献（ビジネスモデルの深化や創出，その成果），DX実現能力（ビジョンや戦略，体制やデジタルリスク）など多岐にわたる設問に対し回答をする必要があります。現在取り組んでいるDX事例の成果や貢献をわかりやすく表現することや，会社の方針や中期計画の実態に対し適切に回答することが必要です。ここでは，旭化成内のDX事例の現状を正確に確認し，提示することが重要です。DXに関する方針，体制，成果が認められ，2021年から2023年まで3年連続で旭化成はDX銘柄に選定されました。

図表8－7－2　DX銘柄2023選定企業発表会の様子

❷業務を革新・合理化する

8 開口パネル組立工程のDX

(1) 概　要

　旭化成ホームズの子会社である旭化成住工は，ヘーベルハウス戸建て事業において鉄骨・部材準備を担う中核工場です。工場の開口パネル（サッシ窓枠）の組立てラインは，すべての製品が微妙に異なるマスカスタマイゼーション（少量多品種）工程を採用しており，生産性・作業の正確性などの改善・向上が求められていました。

　2016年度に，各工程の作業員の動線分析を実施し，作業の効率化・ミス防止を目指して，組立工具のデジタル化，連携する周辺装置の開発，タブレットによる作業指示，実績登録システムやバーコード等の導入（**図表8－8－1，2**）等をアジャイル開発（内製）により進めました。2017年度より現場への導入を開始，2018年度にはライン全体への導入を完了し，次の成果を達成しました。

・　生産性向上・省人化（19名⇒12名，△7名）によるコストダウン

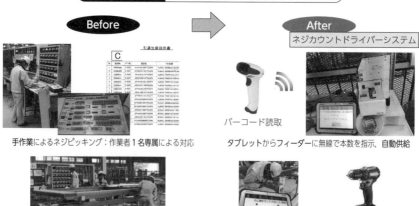

図表8－8－1　ネジカウントドライバーシステム

Before → After　ネジカウントドライバーシステム

バーコード読取

手作業によるネジピッキング：作業者1名専属による対応

タブレットからフィーダーに無線で本数を指示，自動供給

ネジ締結を目視確認し紙記録，手書きで字が読解できないことも

ドライバーがトルクを検知し自動でネジカウント，記録不要！

・　人為的なミス防止，年間10万枚の紙を削減

(2)　工夫・苦労したポイント

取組み当初は解決すべき課題が不明瞭で手探りの状態が続きましたが，アジャイル開発を採用し，「効果の高そうな工程・作業」から着手し，「素早い構築・導入」を実現しました。これにより，現場で導入効果を実感しながら，関係者と活発な議論を繰り返して開発を進めることができたため，大きな成果につながったと考えています。現場と開発者が一体となって改善を繰り返していく中で，チームとしても個人としても成長を実感できました。

(3)　担当者からの声

IoTの導入とデータ化，さらに現場での「あるべき姿」に関する討議により，作業効率が飛躍的に向上し，安定した高品質の製品を実現することができました。これからも，安心して使用することができるモノづくりに取り組んでいきます。

図表8−8−2　デジタルピッキング／ポカヨケリベッター

入荷ラック→
棚→
運搬箱へ移す

指示書による手作業

フレームと金物を
リベットで締結，
リベット本数を
目視で確認
（検査書へ記入）

①デジタルピッキング

取る部品の棚が光る
取ったことを検知し，タブレットが次の工程を指示

②ポカヨケリベッター（自社開発）

打ち終わった
リベットを検知し
カウント数を
無線で送信
→目視検査不要

業務を革新・合理化する ❷

❷業務を革新・合理化する

9 ボルト締結自動判定システムの開発

(1) 概　要

　旭化成ホームズの主力商品である鉄骨住宅「ヘーベルハウス」には，接合部に多くのボルトが使用されています（**図表8−9−1**）。施工現場では，このボルトのプロセス管理（手順どおりに締結されたか，きちんと締結できているか）が品質を担保するうえで極めて重要です。また，これまでのボルト締結の品質検査は，目視による全数検査の実施など，人の力量に大きく依存したものとなっており，多くの工数がかかることが課題でした。

　そこで，ボルト締結の脱属人化や品質向上，現場での工数削減を目的として，施工現場にDXを導入しています。具体的には，ボルト締結工具であるインパクトレンチの作業音で締結を自動判定し，ボルトが適切に締まった場合には自動停止したうえで，作業記録を残す品質管理システムを開発したのです（**図表8−9−2**）。このシステムは，①現場の使用に耐えうるコンパクトで使いやすいハードウェア，②ボルトの締結を正確に判定し，判定結果と作業手順を自動照合するソフトウェア，③クラウドシステムでリアルタイムに進捗管理ができるプラットフォームによって構成されています（**図表8−9−3**）。

(2) 工夫・苦労したポイント

① 　ハードウェア：超音波帯までの信号処理を可能とするエッジデバイスを開発しインパクトレンチに搭載，0.1秒以下でボルト締結のリアルタイム判定を実現しました。

② 　ソフトウェア：大量のボルト締結音のデータからボルト締結を高精度で判定するアルゴリズムを開発しました。

③ 　プラットフォーム：クラウドシステムを利用することにより判定結果ログの蓄積，エッジデバイスの稼働状況監視，アルゴリズムの更新をすべて遠隔で実行できるようにしました。

図表8−9−1　接合部

図表8−9−2　システム概要図

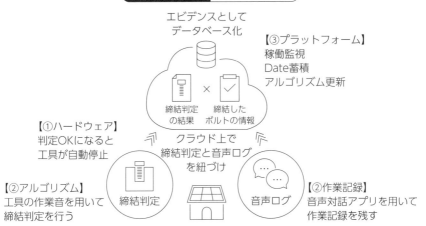

エビデンスとして
データベース化

【③プラットフォーム】
稼働監視
Date蓄積
アルゴリズム更新

締結判定
の結果　×　締結した
ボルトの情報

【①ハードウェア】
判定OKになると
工具が自動停止

クラウド上で
締結判定と音声ログ
を紐づけ

【②アルゴリズム】
工具の作業音を用いて
締結判定を行う

締結判定

音声ログ

【②作業記録】
音声対話アプリを用いて
作業記録を残す

図表8−9−3　ハードウェア・ソフトウェア・プラットフォーム

<ハードウェア>　　　<ソフトウェア>　　　<プラットフォーム>

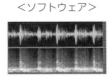

　①〜③により，ボルトが締まると工具が自動停止するため，熟練工でなくともボルト締結の品質を担保できるようになりました。締結時刻は自動で記録され，作業者は携帯するスマートデバイスからどのボルトを締結したかを音声で入力します。これにより，判定結果と作業手順の自動照合を実現しました。

　このシステムは2022年度に屋根に設置する太陽光発電パネルのボルト締結プロセスでの試験運用を終え，2023年度より各施工現場での本番運用を開始します。

❷業務を革新・合理化する

10 設備データ共有化に基づく保温材下腐食 (CUI) の発生予測モデルの開発

(1) 概　要

　化学プラントの配管や蒸留塔などの設備の多くは保温材で覆われています。この保温材で覆われ，かつ高経年化した炭素鋼製設備では，外部から保温材内へ水分が浸み込み，腐食（以下「CUI」）が発生します。

　CUIは外部からの観察では容易に発生や進行を把握できず，漏れが生じて発見される場合もあり，安全・安定操業にとって大きなリスクです。CUIの発生可能性のある対象設備は膨大であることや，現状では足場を組んで保温材を剥離する検査方法のみが実用的であるため，検査に多大な費用を要しています。

　このためCUIは，化学プラントを保有する各社共通の課題となっています。CUI発生を設備の設計条件や使用条件から予測できれば，腐食検査の合理化が図られ，設備信頼性の向上や検査費用の削減が可能となります。

　そこで，化学会社各社から過去に行われたCUIに関する検査結果とその設備の運転条件の情報を収集・解析し，CUI発生予測モデルを開発しました。このモデルをプラットフォーム上で公開し，検証も行いました。

図表 8 -10- 1　配管エルボ部保温部での腐食検査例と全体構成イメージ

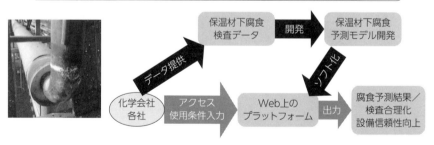

　開発したCUI予測モデルと，従来の予測法での発生可能性の予測精度の比較を，検査データを採取して検証しました。これにより，従来法（**図表 8 -10- 2**

の右側）よりも，開発したモデル（**図表8－10－2**の左側）は，CUI発生可能性を
高精度に予測できることがわかりました。

(2)　工夫・苦労したポイント

　検査データの記録方法は各社様々で，かつ設計データや運転データとの関連
づけもされていないのが実情です。その中で各社から広範囲で正確なデータを
数多く収集することが不可欠であり，そのためにはデータ収集の負荷を少なく
することが重要でした。

　また，データ解析と予測モデル開発においては，各データの物理的な意味や
腐食現象との関連を考慮しながら，パラメータ選択，モデル構築および予測結
果の表示方法をデータ解析担当者と協議しながら進めました。

　今後も検査データを蓄積し，モデル改良を継続するとともに，現場検査での
予測モデル適用や検証を行い，予測モデルの普及を行う予定です。

　設備管理方式の改革を行う場合に，現場でのこれまでの方法や感覚を理解し
つつ，徐々に改善していくことの必要性を実感しています。

図表8－10－2 開発したCUI予測モデル（左）と従来法での結果（右）の検証検査結果での比較

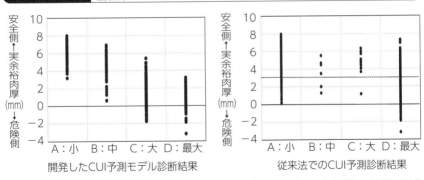

（※）　横軸が使用条件からの予測ランクでDが最大。縦軸が腐食検査結果を含む指標で0以下では必
　　要肉厚を超える腐食発生を示す。

❸イノベーションを起こす（新事業の開発）

11 V-MO® (Vessel Vibration Visualization Monitor) による故障予兆

(1) 概　要

　V-MOは，2017年に商船三井と旭化成エンジニアリングのオープンイノベーションとして開発が始まり，2023年5月に実用化されました。旭化成エンジニアリングは，工場で使用されるモーターやポンプなどを分解することなく，振動センサーを使って状態監視する技術を持っています。

　V-MOは，IoTとデジタル技術を活用し，世界中を航行する船内でも，24時間365日，陸上さながらに乗組員が点検判断を行うことができるようサポート

図表8－11－1　V-MOの概要

する仕組みで，旭化成の専門技術が随所に活かされています。今までは乗組員の五感に頼っていた故障予兆の判断に，V-MOの定量的で客観的な情報が加わることで，より安心安全な運航に貢献することが期待されています。

図表8−11−2　写真　航行中の船舶およびセンサー設置状態

(2)　工夫・苦労したポイント

①　船内の振動

陸上工場と異なり，船上では，船特有の波や風，エンジン等の振動の影響を受けやすく，こうした環境に配慮したデータ処理が必要でした。そこで，複数隻に約200点のセンサーを3年間設置し，旭化成・デジタル共創本部と協力しながら，専用アルゴリズムを開発・実装しました。

②　通　信

船内に設置されたセンサーのデータは船内LAN・衛星通信を経由してクラウドサーバへ伝達されます。受信感度や通信速度などによりデータ不達が起き，原因究明と対策が一巡するまで苦労しました。

(3)　担当者からの声

船舶は日本の貿易の99％を担う重要な役割を担っています。旭化成エンジニアリングのV-MOが船舶の故障予兆に使われることで，旭化成のグループミッションである「世界の人びとの"いのち"と"くらし"に貢献」できればと考えています。

＊こうしたプロジェクトの機会をくださった商船三井関係者の皆様に深く感謝申し上げます。

③ イノベーションを起こす（新事業の開発）

❸イノベーションを起こす（新事業の開発）

12 電子コンパス（e-Compass）

マテリアル領域

(1) 概 要

　「DX」という言葉がブームになる十数年前に，旭化成が手掛けた典型的DX事例が「電子コンパス」事業です。この2000年に始まる新規事業開発は，材料技術中心の「センサー事業」と，回路設計中心の「LSI事業」を単に組み合わせるのではなく，そこにソフトウェア技術を加えて，「ビジネスモデル」そのものを大きく変革したことが特徴です。従来は，各社がセンサー感度と測定精度，部品の大きさや消費電流というスペックを競う業界でしたが，そこに「ユーザーの使いやすさ（UX）」という新たな価値をソフトウェアで生み出したのです。このソフトウェアのライセンス契約の下で，**自社のハードウェアを販売する**というビジネスモデルは，世界標準になった情報処理ソフトウェアが牽引するハードウェアビジネスのDX事例として「**第一回技術経営・イノベーション賞**」に選ばれました。

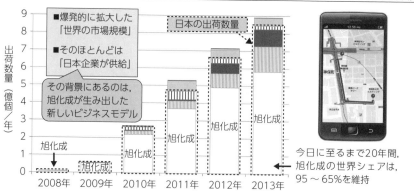

図表8−12−1 「電子コンパス　ビジネス」の特徴（スマートフォンに標準搭載）

■爆発的に拡大した「世界の市場規模」
■そのほとんどは「日本企業が供給」
その背景にあるのは，旭化成が生み出した新しいビジネスモデル

日本の出荷数量

今日に至るまで20年間，旭化成の世界シェアは，95〜65％を維持

調査会社（第三者）による推定

⑵　工夫・苦労したポイント

　微弱な地磁気を測る磁気センサーに，あえて低感度のホール素子を採用し，感度はLSIの増幅とデジタルフィルタの低ノイズ化で補うことによって，携帯電話基板上の部品配置が自由になるという新しい価値を生みました。また，アナログ出力が当然だったセンサー部品にデジタルインターフェースを取り付け，CPU上のソフトウェアが部品を制御するとともにデータを処理して，妨害磁気と地磁気を自動的に分離する技術を提供しました。これにより，携帯電話ユーザーが，センサーのキャリブレーション（調整）をしなくても，ごく自然に携帯電話を使ってさえいれば，自動的に妨害磁気の大きさを推定して変化にも追従する「**オフセット自動調整**」という究極の使いやすさを実現できました。

　電子コンパスはインターネット接続する携帯電話というプラットフォームに搭載することを前提に開発された世界初の情報取得センサーという意味で，後の**IoT世界を拓く最初の量産製品**になったともいえるでしょう。

　電子コンパスは**スマートフォンに標準搭載されて大きく成長し**，事業開始以来20年以上世界トップシェアを保っています。その牽引役を果たしたソフトウェアの特許技術は，「**全国発明表彰の恩賜発明賞**」を受賞しました。

❸ イノベーションを起こす〈新事業の開発〉

図表8－12－2　電子コンパスの概要

着磁した磁気収束板からのオフセットを，自動調整するソフトウェアと一緒に使って初めて動くハードウェア製品

1st Generation : 4chip module 3D structure

Y軸
化合物半導体
ホール素子

X軸
化合物半導体
ホール素子

Z軸
化合物半導体
ホール素子

信号処理LSI

2003年量産
体積：100%
(Skelton Sample)

2nd Generation : 1chip plane structure

磁気収束板＆
シリコンモノリシック３軸ホール素子

3axis in 1plane

信号処理LSI

2009年量産
体積：8.4%
(1/12)

2021年量産
体積：0.78%
(1/128)

13 においのデジタル化で嗅覚を可視化する 嗅覚センサー

マテリアル領域

(1) 概　要

　私たちは "におい" から様々な影響を受けており，"におい" をもとに判断を行うこともあります。しかしながら，目で見ることも，耳で聞くことも，手で触ることもできない "におい" の情報は，カメラやマイク，触覚センサーといった既存のセンサーでは捉えることができません。そのため，人や動物などが直接嗅いで，経験に基づいて判断するしかなく，今までは "におい" の情報をうまく活用することができませんでした。

　旭化成は，人や動物と同じく，様々な "におい" に特有の反応を示す，数種類から数十種類の異なる感応膜を用い，多数の "におい" の情報を学習し，より高度な判断を可能とする嗅覚センサーを開発しました。

　旭化成の嗅覚センサーは，"におい" に潜む数限りない情報をデジタル化（標準化）することで，嗅覚の可視化を実現します。これによって，多様なシーンで，"におい" の情報を利活用した価値あるソリューションの提供が可能です。

図表8-13-1 においのデジタル化で嗅覚を可視化する嗅覚センサーの概要

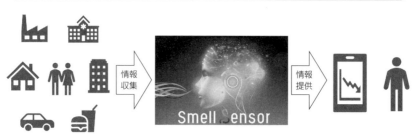

| 様々なシーンでの "におい" の情報 | 嗅覚センサーを活用して "におい" の情報を可視化 | 可視化された "におい" の情報提供 |

(2)　工夫・苦労したポイント

　旭化成は，国立研究開発法人物質・材料研究機構（以下「NIMS」）が開発した MSS嗅覚センサー（MSS：Membrane-type Surface stress Sensor／膜型表面応力センサー）をベースとして，旭化成が持つケミカル技術，エレクトロニクス技術，生産技術をコネクトさせて，MSS嗅覚センサーのコア技術である"におい"に特有の反応を示す感応膜材料と"におい"に反応した感応膜材料の変化を電気信号に変換するMEMS（Micro Electro Mechanical Systems）の開発およびMEMS上に感応膜材料を塗布する技術の開発を行っています。さらに，嗅覚センサーを利活用したソリューション提供に向けて様々な実証を行っています。

　MSS嗅覚センサーは，"におい"のもととなるガス分子が感応膜に反応することで生じる応力をMEMSで電気信号に変換することで，"におい"の情報をデジタル化します。

　"におい"の情報を嗅覚センサーで取得し，AI（Artificial Intelligence）と組み合わせることで人や動物と類似した嗅覚の可視化することが可能です。

図表8−13−2　MSS嗅覚センサーの活用した"におい"のデジタル化

MSS嗅覚センサーの構造

Φ:300μm

MSS嗅覚センサーの動作原理

ガス分子が感応膜に反応することによって生じる力で歪みが発生

ピエゾ抵抗が変形して抵抗変化
→電気信号変化を得ることが可能

❸ イノベーションを起こす〈新事業の開発〉

❸イノベーションを起こす（新事業の開発）

14 スマートラボによる材料開発

(1) 概　要

　近年，機械学習やテキストマイニングなどの情報科学を材料開発に応用したマテリアルズ・インフォマティクス（MI）の活用が盛んになっています。日米中欧などの国家プロジェクトが進められ様々な企業間で激しい開発競争が繰り広げられている中，旭化成でもMIを使って効率的にいち早く新しい材料を見つけ出すことにより，これまでは数年以上かかっていた開発が数か月に短縮できた事例も出始めています（令和元年度　特許出願技術動向調査　結果概要　「マテリアルズ・インフォマティクス」）。

　一方で，「持続可能な開発目標（SDGs）」に掲げられている環境問題や資源・エネルギー問題などに代表される多様な社会課題を解決するため，革新的な材料をいかに短期間で開発し社会実装していくかが重要になっています。MIによる新しい材料の予測はあくまでコンピューター上で計算された予測であり，その実物をどのように作り実現させるかは，膨大な実験条件の組合せの中から最適な条件を見つけ出さなくてはなりません。そこで，これまでよりも20〜30倍速く自動合成実験ができる装置や高速あるいは簡易に性能評価や材料分析ができる装置（ハイスループット実験装置）と条件を自動探索するMIシステムを組み合わせた「スマートラボ」を開発し，旭化成の材料開発に応用しています。

(2) 工夫・苦労したポイント

　スマートラボのコンセプトには，最適解を見つけるための検討サイクル（ループ）が2種類あります。1つ目は物理法則や理論式に基づいたシミュレーションをすることにより，目標とする材料性能を達成できそうな化学構造や組成を探し出す「材料候補探索ループ」です。

　もう1つは，目的とする材料候補を合成するために実験条件を自動的・自律

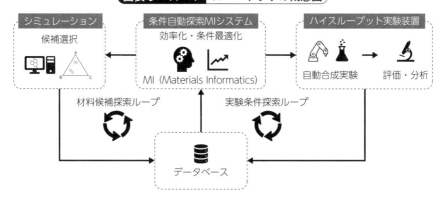

図表8－14－1　スマートラボの概念図

的に探し出す「実験条件探索ループ」です。この実験条件探索ループについて，膨大な実験条件の組合せからどうやって最適な条件を見つけ出すのか，その方法を紹介します。

　実際の材料開発では，複数の原料を組み合わせて複雑なレシピを試行錯誤しながら決めていきます。また，材料を作るための装置にも複雑な設定パラメーターをいくつも組み合わせて調整しなければなりません。このように目標の材料性能を実現するために，具体的な関数の形（目的関数）がわからない中で最適な条件を探し出す手法を「ブラックボックス最適化」といいます。

　今回の事例のように，たくさんの凹凸のある目的関数の中から最適条件を見つけ出す場合，最初に実験を始めた地点の周辺（内挿領域）にとらわれてしまうことが多く，全体の最適解に効率よくたどり着くことは困難です。スマートラボでは，内挿領域だけではなくその外側まで広く条件（外挿領域）を探索できるようにプログラムを工夫しており，うまく正解の目的関数に近い関数を予測して最適解を見つけ出すことができています。

　旭化成では有機化合物から高分子材料，無機材料まで幅広い材料を製造しており，これからの材料開発にこのスマートラボを拡大する予定です。また同時に，シミュレーション技術の高度化もあわせて進めることによって，材料候補探索ループと連携させた革新的な材料探索にも挑戦しています。

❸イノベーションを起こす（新事業の開発）

15 MIによる革新的な合成ゴム新規グレード開発

(1) 概　要

　旭化成は日本で初めて溶液重合法（アニオン重合）による合成ゴムの製造・販売を始め，これらは自動車用のタイヤや工業用品に幅広く利用されています。ただ，タイヤの主な用途である自動車を取り巻く環境は変わってきています。昨今の環境意識の高まりから，特に電気自動車（EV）向けの次世代タイヤのニーズが急速に高まっており，合成ゴム業界の再編なども相まって開発競争が激化したことから，次世代タイヤ向け合成ゴムの開発が急務でした。

　タイヤ向け合成ゴムの開発過程では，要求される性能を発現させるための新規ポリマー構造の探索およびポリマーと各種配合剤との配合条件の最適化が必要です。旭化成のポリマーは，設計の自由度が非常に高く様々な要求性能へ対応できるポテンシャルがありました。ただしその一方で，考えうる設計条件が膨大となり，人間の頭だけで顧客ごとに異なる複数かつ多様な要求性能を満たす合成ゴムを迅速に考案・開発することは難易度が非常に高く，膨大な時間を要することが課題の１つでした。

　そこで，膨大なポリマー設計条件の中から，EV用途で重要になる省燃費かつ耐摩耗性というトレードオフ関係にある要求性能を双方満たす最適解の探索にMIを活用しました。その結果，従来に比べて10分の１程度の短期間で所望のポリマー設計条件を探索でき，かつこれまでにない特徴を持つ革新的な新規グレードの開発に成功しました。

(2) 工夫・苦労したポイント

　実は，この新規ポリマーは，社内で独自に開催しているMIの講習会を受講した現場研究者が，コロナ禍での出社制限に伴う在宅期間中に行った作業がきっかけで生まれました。自宅からリモートで，これまでに蓄積されたデータを整理し，社内の機械学習モデル開発プラットフォーム「IFX-Hub」上でMI

を実施したのです。

　当初MIで提案されたポリマー候補は，従来の常識からは考えつきにくい構造でしたが，そこに可能性を感じた研究者がこのMI提案候補のポリマー構造に着想を得て，研究者が有する高分子の専門性によりアレンジしたことで競争優位性のある新規グレードの開発が達成されました。まさにMIと人とが共創した結果の産物といえます。

⑶　担当者からの声

　MIの活用により大幅な開発期間の短縮が可能になったことに加えて，MIの提案候補を高分子の専門性と結びつけることにより，競争優位性のある開発品に仕上げることができました。この成功事例をきっかけに，所属部署全体でも積極的にMIを開発に活用する風土が醸成されています。

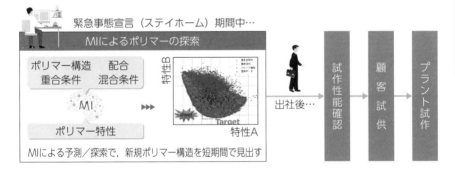

図表 8 − 15 − 1　MIによる合成ゴム新規グレード開発

❸イノベーションを起こす（新事業の開発）

16 知財情報を活用した，旭化成のコア技術とエマージング技術のマッチング

グループ全体

(1) 概　要

新事業創出への障壁を下げるべく，知財情報を活用して，旭化成のコア技術を活かせるエマージング技術を効率よく探索（マッチング）するシステムの開発を進めています。具体的には次の３つのステップで探索を行います。

①コア技術の要素技術への落とし込み，②エマージング技術の要素技術への落とし込み，③要素技術同士のマッチングにより，コア技術とエマージング技術を紐づけ，コア技術を新事業へとつなぐ示唆を提供します。さらに得られた示唆が事業になりうるかを判断するために必要な情報や社内外の人材との交流・議論の場を提供し，新事業創出の活性化を目指します。

図表 8－16－1　マッチングコンセプトの概要

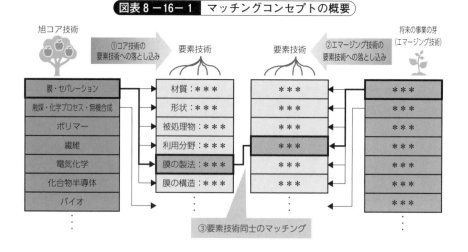

(2) 工夫・苦労したポイント

新事業創出を目指すユーザーにとって真に有用なシステムの提供を実現する

ため，デジタル共創本部が提供するサービス「Garage」(※)を活用し，基本コンセプトのブラッシュアップに努めました。約半年間の検討を経て，システム試行版のリリースに至っています。

（※）「Garage」とは，デジタル変革を加速させるための価値創出のアプローチです。もともとはIBMが開発したアプローチで，顧客が抱えている課題を洗い出して解決策を探る「デザイン思考」と，解決策を短期間で形にし，改善を繰り返していく「アジャイル開発」が二本柱になっています。

このマッチングシステムを活用した事例としては，旭化成のコア技術の中長期的な技術戦略策定等があります。システムを活用して，フォアキャスト，バックキャストの両視点から，旭化成が強化・新規獲得すべき技術候補を抽出しました。

図表8−16−2　マッチングシステムのUI

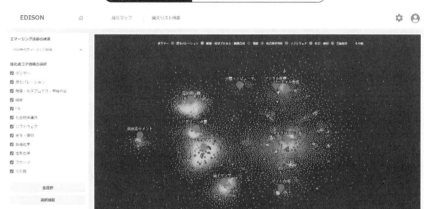

(3)　担当者からの声

既存事業の延長線上にある事業の成長だけではなく，想像だにしなかった飛び地的な事業を生み出せる可能性が，このシステムにはあると思います。また，このシステムでは，多くの人が同時にアクセスできる「見える化」されたデジタルプラットフォーム上で，議論ができるようになります。非効率を排除し，新しいものを生み出しやすくなることを期待します。

❸ イノベーションを起こす（新事業の開発）

❸イノベーションを起こす（新事業の開発）

17 高感度ホール素子内蔵電流センサーの新規顧客開拓（IPランドスケープ）

(1) 概　要

　旭化成エレクトロニクス（AKM）では，1980年代から取り組んできたホール素子（磁気センサー）の化合物半導体技術を活かして，それまでは測定できなかった高速・高精度のホール素子内蔵電流センサーを開発しました。この技術を活用すれば，高い信頼性が求められる産業用装置分野での拡販が可能になるのではないかと考えました。産業用装置分野は旭化成グループにとって馴染みのない事業領域であったため，特許情報を活用してAKM製品の性能を訴求できる具体的なアプリケーションを見出し，新規顧客開拓につなげることを目的としてIPLを実施しました。

　まず，産業用ロボットの制御技術を有する企業を特許情報から調査した結果，X社が突出した開発力を持つ優先すべき顧客であることが判明しました。ただし，電流センサーには先行する抵抗検知方式の技術を用いた製品がすでに存在します。そのため，今回開発した技術は，X社が従来から重点的に開発している分野よりも，近年注力を始めた分野のほうが事業機会を見込めると考えました。そこで，新たに注目を集めつつある用途群に焦点を当てて調査を行い，この技術の強みである高速応答を必要とする用途Aを特定することができました（図表8 −17− 1 ）。

　この結果は，AKM営業担当者と顧客とのコミュニケーションに活用され，AKM製品の採用の一助となりました。顧客からAKM営業担当者の対応力（顧客理解）が高く評価され，信頼関係構築に貢献した事例となりました。

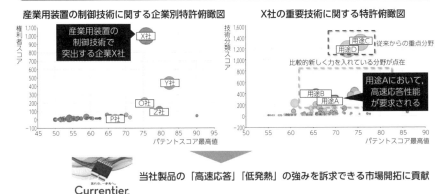

| 図表 8 −17− 1 | IPランドスケープによる知財情報の俯瞰・解析（当社製品の強みを活かせる用途，潜在顧客調査） |

高感度ホール素子内蔵電流センサー（AKM）

(2)　工夫・苦労したポイント

　産業用装置を代表する技術は，メカニカルな構造部分です。しかし，この技術領域で分析対象になるのはメカ部分の開発に注力する企業であり，電流検知性能がそうした企業に必ずしも訴求するわけではありません。そこで，代表格のメカ部分ではなく，制御技術にフォーカスして特許を分析することで，AKM製品の性能を訴求できる可能性が高い企業とアプリケーションを正確に特定することができました。

(3)　担当者からの声

　IPLを行うためには，打合せ，特許の読込み等，事業部としてもかなり大きな工数を必要とします。しかし，得られるアウトプット（顧客理解）は，投入したの工数以上の価値があると感じています。

❸イノベーションを起こす（新事業の開発）

IPLによる中国自動車メーカーと旭化成の技術的接点の可視化

マテリアル領域

(1) 概　要

　旭化成の中国地域統括会社である旭化成（中国）投資有限公司では，中国自動車市場における事業横断マーケティング戦略の立案と遂行にあたり，IPLの戦略的活用を模索してきました。IPLの中国における認知度はまだまだ低いものの，次のようなことを可能とする戦略ツールとして位置づけ，様々な挑戦を行ってきました。

　　①　中国自動車メーカー（以下「OEM」）の技術開発の方向性を可視化できる

　　②　旭化成の技術領域の幅広さを客観的な強みとして具現化できる

　その具体事例として，自社のOEM向け車載製品展示会にて，特許解析を活用した展示を盛り込み，他材料メーカーとの差別化を図ることに成功しました。

　技術関連性が高い特許は近接配置されるという特許解析マップの特徴を利用し，OEMと旭化成の2社の保有特許を統合解析したところ，異なるアプローチであるものの両社が注力する技術領域が浮き上がってきました（図表8－18－1）。

　展示会では，統合解析マップ上の共通技術領域で，旭化成が提案できる製品群も含めて特許解析結果を説明しました。この説明は，OEMのトップ経営層にとってもインパクトがあったようで，多くの質問や前向きな反応を引き出すことができました。IPLは，顧客とのコミュニケーション活性化につながるとともに，顧客の経営幹部とのビジネス戦略会話ツールとしても有効であることがわかりました。

　この取組みは，中国のみならずグローバルに横展開され，IPLを活用したOEMとの関係強化に貢献しています。

図表8－18－1　展示した統合特許マップ

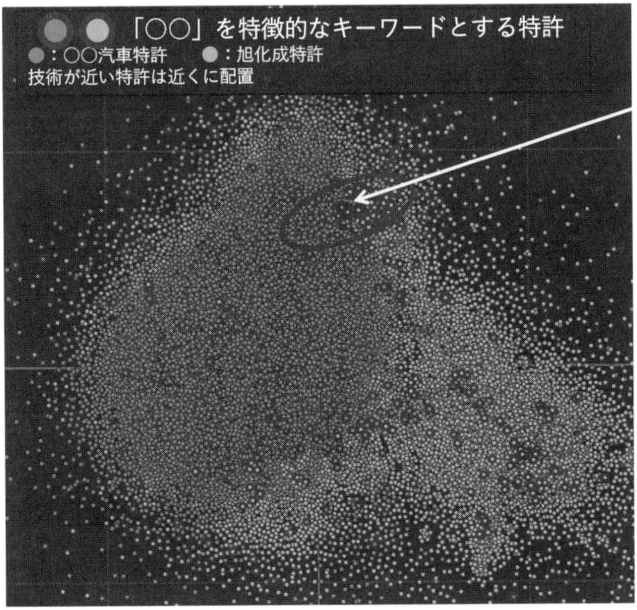

「○○」を特徴的なキーワードとする特許
●：○○汽車特許　●：旭化成特許
技術が近い特許は近くに配置

❸ イノベーションを起こす（新事業の開発）

(2)　工夫・苦労したポイント

　特許情報解析結果で得られた技術的接点のみならず，それに関連する自社展示製品を紐づけて提示したことがポイントです。それにより，OEMから，旭化成がIPLというデジタルな武器と，技術的解決ができるリアル製品の両方を有する企業であると認知してもらうことができました。

　顧客にとって価値ある洞察は何かを現地マーケティング部隊と議論することで，紆余曲折ありながらも2社の特許マップ上の技術的接点という解にたどり着くことができました。

(3)　担当者からの声

　IPLは顧客とともに高度活用することで，旭化成を単なるサプライヤーから戦略的なビジネスパートナーへと変革する可能性を秘めています。今後，IPLを活用して，様々なプロジェクトを推進していきたいと考えています。

❹イノベーションを起こす（顧客価値の追求）

19 樹脂材料事業を推進する ベトナムCAE計算センター

(1) 概　要

　樹脂材料（エンジニアリング・プラスチック）の事業展開においては，以下の用途開発の手順をたどって，潜在顧客の開拓を行います。

①要件定義 → ②数値解析 → ③顧客へ提案

　「②数値解析」ではコンピューター・シミュレーション解析CAE技術（CAE＝Computer Aided Engineering）を利用して，顧客の樹脂利用シーンにおける以下のような解析に取り組みます。

・　金型に樹脂を射出する際の流動性解析
・　成型後の製品強度等の構造解析
・　必要な製品強度を実現する形状最適化解析

　最近では「従来は金属製であった部品を樹脂材料へ置換えできるか？」といった新規用途開拓も「②数値解析」が支えます。この業務には専門知識が必要で，時間もかかりますが，その一方で，顧客に対するクイックレスポンスが市場開拓の第一歩となります。そこで，従来は①～③を一貫して特定のエンジニアが取り組んでいたところを，「②数値解析」のみを切り出して集中対応する「CAE計算センター」の設立を着想しました。

　このとき，約6億人の人口を抱えるASEANの中でも，国としての発展性が大きく就業後の学習意欲が極めて高い国民性を持つベトナムに着目しました。日本からの駐在員2名と総務社員2名を含む約25名の体制で，2016年に工学計算専業会社である「旭化成プラスチックスベトナム」を設立しました。期待される数値解析の大量実行のために，ソフトウェアを扱うスキルを社員に定着させ，これまで日本で実施していたCAE業務をベトナムへ移管しました。

⑵ 成 果

ベトナムでのCAE業務強化により，グローバルな顧客対応の迅速化を実現しました。平均年齢31歳であるベトナムの優秀なデジタル人材（CAEエンジニア）を各国拠点へ送り出す活動も始まっています。

⑶ 工夫・苦労したポイント

ベトナムでも都市封鎖を伴う強烈なゼロコロナ政策が実施され，全従業員が出社不可の状況になりましたが，自宅からVPN経由で職場のWorkstationにアクセスすることで業務を継続できました。労働集約型産業の多いベトナムにおいても，デジタル技術が旭化成の競争力を支えています。

⑷ 担当者からの声

リモートワークが一般的になった現在，ベトナムと日本だけでなく，世界中の国々との距離が事実上なくなりました。これにより，計算工学周辺の人的ネットワークが世界とつながり，スキルやノウハウのデジタル共有，計算作業の標準化に対する感度が高まっています。世界をつなぐ仮想オフィスの構想が現実のものとなりつつあり，世界とのつながりを積極的に求めるマインドセットが育っています。今後は，デジタルを活用したGlobal Co-Creation Centerに向けた新しいDXジャーニーを，チームメンバーとともに楽しみたいと考えています。

❹ イノベーションを起こす（顧客価値の追求）

図表8－19－1 「②数値解析」の例

射出成形の射出口が異なると，ガラス配向強度も変わる（1点ゲートと2点ゲートの違いの例)

成形された樹脂製品に力をかけた際のひずみ予測

1点ゲート　　2点ゲート

強化ガラス繊維の配向強度分布予測

ひずみmaxの部位

配向強度分布に基づくひずみ分布予測

❹イノベーションを起こす（顧客価値の追求）

20 水素プラントへのデジタルツイン導入

(1) 概　要

　福島水素エネルギー研究フィールド（FH2R）の水素プラント[※]において，Cognite社のデジタルツイン・クラウドサービスを用いて運転・保全作業の高度化を実現しました。プラント設計時の3DモデルやP&ID（Piping & Instrumentation Diagram, 配管計装図）などの設計ドキュメント，各種マニュアル，現場写真を一元的に集約しています。また約2,500タグのDCS（制御用コンピューター）データをリアルタイムに取得し，日常点検時に取得した現場計器の測定値も集約しています。

　これらの各種データを運転・保全業務にて現場・事務所の双方で活用しています。集約したデータはAPIを介してインターネット経由でデータ分析にも活用しています。FH2Rのほかにパイロットプラントへも導入し，終夜運転時の実験データの活用や実験設備の稼働状況モニタリングに活用しています。

（※）　国立研究開発法人新エネルギー・産業技術総合開発機構（NEDO）「水素社会構築技術開発事業／水素エネルギーシステム技術開発／再エネ利用水素システムの事業モデル構築と大規模実証に係る技術開発」

(2)　工夫・苦労したポイント

①　データ・資料の一元管理

　プラント設計時の3DモデルやP&IDなどの設計ドキュメント，各種マニュアル，現場写真などのデータをクラウド上に一元的に集約し，現場の作業者のみならず，遠隔での情報共有や，現場状況に詳しくない工事業者や機器メーカーとの事前作業打合せにおける情報共有を容易にしました。

②　DCSデータの遠隔モニタリング

　約2,500タグのDCSデータを1分周期でリアルタイムに取得し，クラウド上の設備データと紐づけて保存しています。これによりプラント起動・停止時の

運転データの確認や，警報発報時のメール通知など，福島県浪江町の現場や川崎事務所にて活用しています。また，データサイエンティストがインターネット経由でクラウド上のデータにいつでもアクセスすることができ，データ分析の加速化による設備性能の改善に寄与しています。

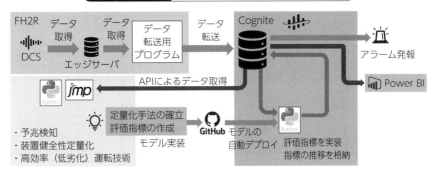

図表 8 −20− 1　FH2Rにおけるデジタルツイン導入

③　点検業務の電子化

これまで紙に記録していたプラントの日常点検結果をスマホでデジタルツイン上に記録できるようにし，点検業務の効率化や，設備情報と紐づけたデータ管理を実現しました。異常の有無だけでなくDCSで取得できていないアナログ計器の値も記録し，トレンドデータとして活用しています。

(3)　担当者からの声

プロセスデータの長期トレンドも瞬時に可視化され，運転状態の確認に役立っています。またトラブル時の対応も3Dモデルや現場写真を用いて熟練作業員が遠隔でサポートすることができ，現場作業の迅速化につながっています。

❹ イノベーションを起こす（顧客価値の追求）

❹イノベーションを起こす（顧客価値の追求）

21 偽造防止ソリューション「Akliteia®」

(1) 概 要

　輸出入に係る被害額だけでも年間50兆円といわれる偽造品問題。これまで様々な偽造防止技術が提案されるものの，その技術すら模倣されブランドオーナーにとってはイタチゴッコが続く状態でした。そこで旭化成はブランドオーナー単独でなく，サプライチェーン全体で継続的に偽造品対策を行う新しい偽造防止ソリューション「Akliteia®」を開発し，正式サービスを開始しました。

　このサービスは次の３つの要素で構成されています。まず１つ目は旭化成独自の技術で印刷された特殊パターンを有する偽造防止ラベル，２つ目がラベルの真偽を判定する真贋判定デバイス，そして３つ目がブロックチェーンを中心に構築した「Akliteia®」ネットになります。これら３つの技術に加え，偽造品防止を課題として捉えるブランドオーナー等と協力して構築したエコシステムを加えて「Akliteia®」プラットフォームを実現し，継続的な偽造品対策を可能としました。

図表8－21－1　「真正性」を担保し，流通時の取引データを取得する仕組み

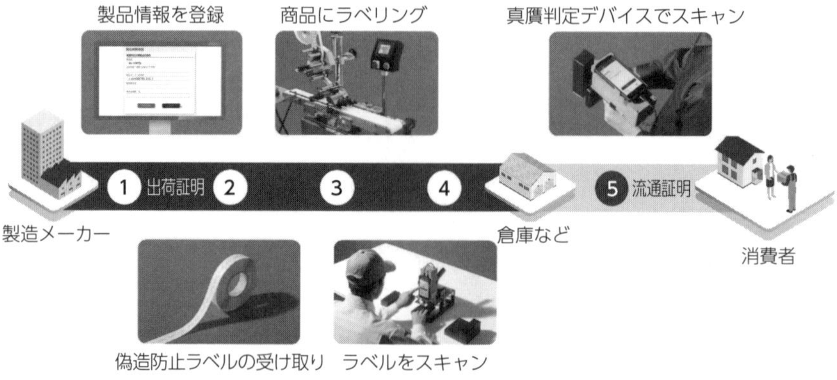

製品情報を登録　商品にラベリング　真贋判定デバイスでスキャン

① 出荷証明　②　③　④　⑤ 流通証明

製造メーカー　倉庫など　消費者

偽造防止ラベルの受け取り　ラベルをスキャン

(2)　工夫・苦労したポイント

　最終消費者が手にする製品がブランドオーナー製であることを証明するためには，製品の現物をブランドオーナーが作ったことを示す「真正性」と，サプライチェーン流通時の取引を裏づけるデータを取得・保管し，これらデータの改ざんを防ぐ「原本性」の両立が不可欠でした。前者については，**図表 8 －21 － 1** に示すようにラベルを製品に貼付し，デバイスでスキャンすることで出荷証明となり，「真正性」を担保しました。後者については，流通過程にデバイスを設置し，流通証明としてデータ化したうえで，**図表 8 －21－ 2** に示す「Akliteia®」ネット上のブロックチェーンでデータを保管することで「原本性」を担保しています。

　現在は皮革・鞄アパレル業界での採用を起点とし，今後は食品等，他業界への展開も始めています。偽造品被害の撲滅を目指し，関係者とともに社会インフラとして育成・活用を進めたいと思います。

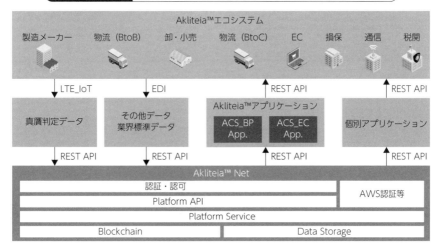

図表 8 －21－ 2　データの改ざんを防ぐ「原本性」を担保する仕組み

22 ローカル5G

(1) 概　要

　旭化成ネットワークスは，旭化成グループ各社をはじめとした様々な企業に対して，主にデータセンターサービスを提供してきました。旭化成ネットワークスは，宮崎県延岡の強固な地盤の上に自社設備の建屋を保有しています。そのうえ，この延岡地区には旭化成グループの水力発電による強固な電力網もあります。これらがデータセンターの安定した稼働を支えています。こうした設備や電力網を基盤として，「サーバ仮想化」を推進し，2015年には旭化成グループ向けのプライベートクラウドを構築し，現在ではグループ外の多数の企業に基盤システムを提供しています。

　そのような中，IT業務のもう1つの重要技術であるネットワークの高度化，特に無線技術に着目し，2019年から5G無線技術の導入検討を開始しました。

　折よく，電波法関連法令が整備され，総務省のローカル5G免許申請制度もスタートしていたため，これを活用できないかと考え，まずはデータセンター内に設備を導入し，技術蓄積と応用技術の探索を計画しました。

　2021年には九州総合通信局から事業免許を取得し，現在は4.9GHz帯（Sub-6）と29GHz帯（ミリ波帯）の設備が稼働しています。技術応用の第一歩として，スマートグラスを活用した「遠隔支援サービス」を（一部実証実験として）開始しています。

(2) 工夫・苦労したポイント

　データセンターの主要業務は，サーバやその他の機器等の顧客資産を預かることで，これはハウジングと呼ばれています。これらの機器の保守作業やトラブル対応のために，顧客や機器メーカーが延岡のデータセンターに来館することがあります。このような来館者に対し，5G通信を利用することで，館内機器の状態をオペレータ社員が着用したスマートグラスのカメラを経由してリア

図表 8 −22− 1 ローカル5Gを使っての遠隔サポート作業イメージ

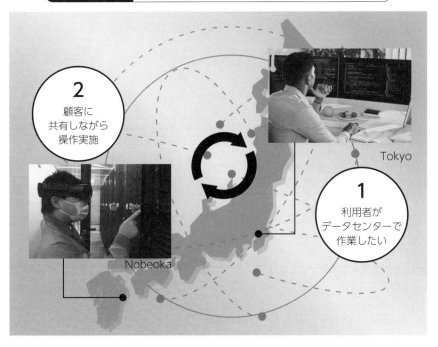

ルタイムで動画として提供し，顧客の指示のもとに作業を行っています。

　サーバは24時間365日稼働が原則ですので，夜中でもトラブルは発生することがあります。その際に，わざわざ遠方からデータセンターまで足を運ばずに対応できないのかという要望がありました。

　前述の「遠隔支援サービス」は，データセンターの利便性向上を目的として開発されたものですが，旭化成グループの製造現場でも有用であると考えています。すでに一部の現場で導入が始まっており，安定性の向上や画像品質の改善が期待されています。その解決策として，5G技術が役に立つと考え，現場での活用に向けて整備を進めています。

　加えて，5G回線を利用したサーバ通信の可能性に関する実証実験も開始しています。これが実現すれば，有線設備の保守作業を軽減するだけでなく，工場現場に応用することにより，設備の無線ネットワーク化や安全性の向上を実現することが期待されます。

❹
イノベーションを起こす
〈顧客価値の追求〉

❹イノベーションを起こす（顧客価値の追求）

23 顧客情報一元化システムLL-Navi

⑴ 概　要

　顧客情報一元化システムLL-Naviは，顧客1人ひとりに寄り添い，満足度の向上，Life Time Valueの最大化を目指すLONGLIFE戦略の実現のために開発されました。LONGLIFE戦略実現に向けて，次のような課題がありました。

① 「建物軸」の情報がグループ各社のそれぞれの顧客情報システムに「分散」していること

② 建物に住む「人」の情報を集約・蓄積・共有する仕組みがないこと

　LL-Naviは，この両方を解決しました。グループ各社が提供可能なサービスや価値を顧客に届けると同時に，顧客の依頼や相談等を受けることもできるコミュニケーションプラットホーム「HEBELIAN NET.」と連携し，顧客の興味・関心をタイムリーに可視化することもできます。デジタル技術を活用し，よりタイムリーに顧客が必要としているサービスを提供することで，顧客満足度を高め，Life Time Valueを最大化できるよう取り組んでいます。

⑵ 工夫・苦労したポイント

　システム開発に際しては，ただ各社の情報を一元化するだけでは情報過多になり，本当に必要な情報が見つからず，使い勝手が悪くなることも考えられます。結果として，システムが活用されなくなるおそれもあります。そこで，顧客対応をする各社の担当者間で，「本当に必要な情報は何か」について議論を重ね，取り込むべき情報の取捨選択を行いました。

　システムの運用においては，顧客対応をする各社の担当者がLL-Naviに情報を登録するルールを決める際に，業務負担を増やすことにならないように生産性を意識して業務ルールを制定しました。システム導入から2年（2024年2月時点）経ち，業務ルールの定着とともに，顧客満足度の向上（中長期CS[※]が5％向上）の兆しが出てきています。PDCAを回しながら業務や機能をアジャイル

開発により継続的にブラッシュアップし，さらにその先のLife Time Valueの最大化を推進していきます。

（※） 5年，10年，20年点検時のアンケートの顧客満足度の累計

(3) 利用者からの声

　顧客対応をする各社の担当者の顔が見えるようになり，協働しやすくなりました。自分の持っている情報がグループの誰かの役に立ち，顧客に満足を届けることができると感じていますので積極的に活用していきます。

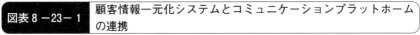

図表8-23-1 顧客情報一元化システムとコミュニケーションプラットホームの連携

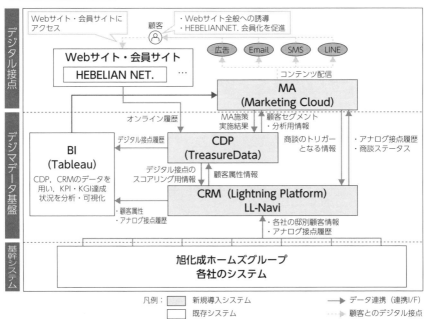

❹イノベーションを起こす（顧客価値の追求）

24 人と人とのちょうど良いつながりをつくる GOKINJO®

⑴　概　要

　都市部を中心にマンションや町内会でのご近所付き合いを面倒だと感じる人は多く，コロナ禍が追い打ちをかける形で対面での交流機会は減少しました。

　こうした問題意識を背景に，旭化成グループの社内ベンチャーとして設立された「株式会社コネプラ」のサービスは，デジタル（居住者専用アプリ「GOKINJO」）とリアル（現地イベント等）の両輪から成り立っています。

　具体的には，①管理組合や自治会からのお知らせ・議事録の配信や施設予約など「機能的な価値」と同時に，②情報交換・お譲り・お助けなど，居住者同士が横のつながりを作ることで生活を豊かにする「情緒的な価値」をも居住者に提供しています。これにより，多様な居住者のニーズに応え，居住者間の「程よいつながり」をデザインしています。また，そこで培われる住民間のつながりを土台に，マンションや町内会活動の見える化・効率化，データベース化を実現し，そこに暮らす居住者が無理なく続けられる「持続可能な地域のつながり」をサポートしています。

⑵　工夫・苦労したポイント

　特定のマンションや町内会の人だけが参加できる「閉じた」プラットフォームとしつつ，ユーザー間のやり取りはニックネームまたは匿名を用いることで，信頼空間と匿名性を絶妙な形でバランスさせています。それにより，コミュニティが活性化しやすく，同時に，荒れにくい環境を作っています。

　導入物件情報・ユーザーデータ・ユーザーによるGOKINJO内投稿データの3つを組み合わせ，活性化要件を分析・分類し，提供するコミュニティ活性化施策の立案やアプリの利便性向上にフィードバックしています。

　日本において，地域SNSや有料のコミュニティ支援サービスは発展途上にあります。そのフロンティアランナーとして，旭化成グループ・顧客・ユーザー，

すべてのステークホルダーに対して，提供価値と取り組む社会的意義を伝えていくことに，苦労とやりがいを感じています。

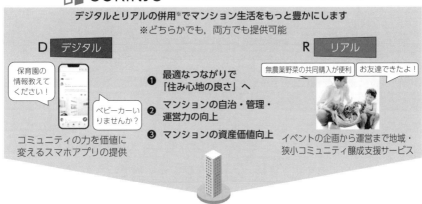

図表8－24－1　コネプラが提供する顧客価値

図表8－24－2　GOKINJOアプリ

図表8－24－3　2022年グッドデザイン賞受賞

④
イノベーションを起こす
（顧客価値の追求）

❺サステナビリティ課題を解決する

25 合成ゴム・エラストマー事業部CFP算定システム

マテリアル領域

(1) 概 要

　合成ゴム・エラストマー事業部におけるカーボンフットプリント（CFP）算定システム構想の発端は2019年に遡ります。当時，事業部のメンバーが，温室効果ガス（GHG）削減に向けた非化石資源由来の原料によるゴム製造への取組みを説明するために，欧州の企業を訪問したところ，製品製造時のGHG排出量が求められたのです。また，電気自動車（EV）の場合には，（走行時のGHG排出量がゼロと考えると）すべてのGHG排出量のうちに原材料が占める割合が極めて大きいことを示す資料を提示されるなど，欧州においてはサステナビリティへの取組みが，数値に基づいて具体的に議論されることを目の当たりにしました。

　このような経験から，まずはExcelを用いて製品やグレードごとのCFPを算定するところから開始しました。しかし，当時は決まった算定方式がなく，どのデータを用いるかも含めて，試行錯誤の連続でした。算定作業に膨大な時間を要するうえに，データの入力が手作業のため正確性を担保できないという問題点もありました。

　このような状況の中，デジタル共創本部の設立に合わせて，デジタル共創本部と合成ゴム・エラストマー事業部，サステナビリティ推進部との共創による，CFP算定システムの構築に向けたプロジェクトが開始されることとなったのです。当時，合成ゴム・エラストマー事業分野では，世界中を見回してもCFPを自動で算出できる企業はなく，まったくの新しいチャレンジでした。

(2) 工夫・苦労したポイント

　最も苦労したのは，事業や工場の現場にデータの価値を理解してもらうことでした。モノづくりの現場は改善の積み重ねですので，GHGの削減も含め，エネルギーの効率化は日常的に推し進められています。しかし，形のないCFP

のデータを算定することの意義は伝わりづらいものでした。

そのため，モックアップ（試作）を何度もつくり，現場やステアリングコミッティ（プロジェクトの方針や進行を決定する管理チーム）の場でアウトプットのイメージを共有しながら，導入による事業および工場へのメリットを伝えることで，開発への協力を取り付けることができました。

旭化成がサステナブルな社会の構築に貢献し持続的な成長を遂げるためには，CFPの「見える化」が必要だという理解を得たことで，プロジェクトは力強く動き出しました。全社的な協力を得て算定ロジックや必要なデータの定義などを進める中，課題として浮上したのが，川崎，大分，シンガポールの3つの工場からのデータの取得・整形です。

川崎の工場は自社運営ですが，大分の工場は他社との合弁会社です。また，シンガポールの工場は言語や文化が異なります。そのため，各工場が利用するERP（基幹系システム）が統一されていませんでした。また，原材料が同じでも配合が異なるなど，製品のラインナップは100種類以上にのぼり，必要なデータを洗い出すのにかなりの時間と手間がかかりました。

さらに，このプロジェクトが全社に横展開されることを想定し，CFP算定のためのガイドラインや，現場にヒアリングを行う際のポイントをまとめたドキュメントの作成など，標準化に向けた取組みにも注力しました。

様々な困難に直面しながらも，プロジェクトの開始からわずか1年後の2022年6月には，CFP算出システムを稼働させることができました。

(3)　全社への展開

この取組みは社内のサステナビリティに関する意識を高め，合成ゴム・エラストマー事業部以外の事業部でCFP算定システムを構築する契機となりました。様々なノウハウを蓄積し，他事業・他領域の製品への展開が容易となる汎用的なCFP算定システムの構築プロジェクトへとつながっていきました。

❺ サステナビリティ課題を解決する

26 豊かな水辺の生物　ホタルを呼び戻す活動

(1)　概　要

　旭化成富士支社にある「あさひ・いのちの森」は，地元の原風景を再生する目的で1ヘクタールの工場跡地に作られ（図表8−26−1），生物多様性保護活動の一環として活用されています。森の中を流れる小川では，かつて失われた水辺の自然を取り戻す活動のシンボルとして，ホタルが飛翔する風景が見られます。ここでは，ホタルを森に定着させる試みのうち，①幼虫飼育と②生態観察について紹介します。

(2)　工夫・苦労したポイント

①　幼虫飼育

　ホタル幼虫飼育の意義は，産卵およびふ化を好ましい条件下で行うことによって発生初期の死亡率を下げるとともに，幼虫にエサを与えほぼ終齢まで生育させ適切な時期に放流を行うことにより，蛹化率，羽化率を高めることにあります。幼虫飼育システムの構築に際し，飼育中に起こっては困ることは何かを考え，それは幼虫が死滅することと特定しました。

　製造現場の故障原因解析に使われるFault Tree Analysisを行った結果，供給水の流量監視が重要であることがわかり，流量を24時間365日モニタリングし，異常があった場合は，担当者の携帯電話にアラームが発せられるシステム（図表8−26−2の図中の円で囲った部分）を導入しました。結果として，構築した幼虫飼育システムは，従来の止水環境での飼育よりマンパワーがかからず，幼虫の収量が増加できることを実証しています。

②　生態観察

　この森において10年間以上にわたり蓄積してきたホタルに関するデータおよび気象データを解析し，ゲンジボタルの飛翔最多日および幼虫の上陸について

考察を行いました。成虫の飛翔最多日は，従来から提唱されている有効積算温度の式から推定する方法に加え，気温と最低湿度を用いた回帰式で推定する方法が，使用可能かつ予測精度が高いことがわかりました。また，幼虫の上陸について統計的に解析を行い，最低気温および積算雨量が有意であり，最低気温10℃以上で雨降りの夜に上陸が行われることを解明することができました。

図表8－26－1　旭化成富士支社「あさひ・いのちの森」

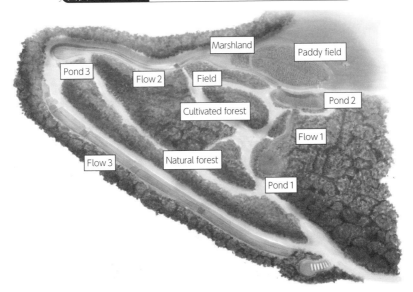

図表8－26－2　幼虫飼育システムと，供給水の流量監視システム

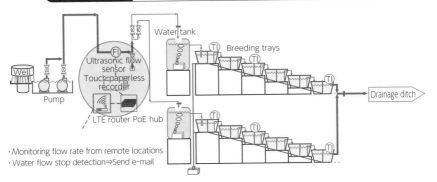

❺サステナビリティ課題を解決する

27 BLUE Plasticsプロジェクト

マテリアル領域

(1) 概 要

　BLUE Plasticsとは，プラスチック資源の循環を可視化するデジタルプラットフォームの開発プロジェクトです。ブロックチェーン技術を活用し，リサイクルプラスチックのトレーサビリティ（追跡可能性）が担保できるデジタルプラットフォームの構築を目指し，プロトタイプを開発して実証実験を行っています。

　このプロトタイプには，消費者のリサイクル意識を高め行動を促す仕掛けとして，再生プラスチックを用いた製品の来歴情報を表示する機能や，BLUE Plasticsと連携した回収ボックスに投函された廃プラスチックが今どのサプライチェーンにあるかを可視化する機能が搭載されています。そこで，このプラットフォームを「旅するプラスチック®」と名付けました（**図表8－27－1**）。

図表8－27－1　プロトタイプアプリのスクリーンショット

(2) 工夫・苦労したポイント

　まず消費者のリサイクルに対する意識・行動に対して，アプリケーションが

与える影響について検証しました。その結果，商品のリサイクル率や来歴情報は，事業者のみならず消費者にとっても関心事であり，消費者が商品を安心して購入する際の基準の1つになりうることが明らかになったのです。また，アプリケーションによる資源ごみ回収活動の記録・可視化は，消費者のリサイクルに対する意識を高め行動を促すきっかけになりうることも確認できました。

2022年度はファミリーマートと連携，2023年度はコカ・コーラも加わり，ペットボトルの回収ボックスを実店舗に設置した実証実験を行いました（**図表 8 −27− 2**）。

図表 8 −27− 2　ファミリーマート，コカ・コーラ，伊藤忠らとの実証実験

(3)　担当者からの声

このプロジェクトは「モノ売り」から「コト売り」への挑戦です。この取組みは仲間集めが重要で，上記の共創パートナーに加えて，BLUE Plasticsサロンを立ち上げ，たくさんの仲間たちと検討を進めています。

❺サステナビリティ課題を解決する

28 青果物の鮮度推定・予測システムの開発

マテリアル領域

(1) 概 要

青果物は収穫後，根からの養分の供給は断たれますが，呼吸や気孔からの蒸散は続けます。その結果，高温時には呼吸作用が，低湿度時には蒸散作用が促進され，黄化したりしなびたりするなど，鮮度が低下していきます。しかし，低酸素状態にすることで呼吸が抑制され，鮮度を長持ちさせることもできます。このように，青果物の鮮度は，温度・湿度・酸素濃度といった周辺環境の影響を強く受けます。

そこで，青果物の保管・輸送時の環境を連続的に測定し，分析することで，鮮度を推定・予測する「Fresh Logi®システム」の開発に取り組んでいます。このシステムは，青果物の「品目ごとに鮮度予測モデル」を準備しています。環境の測定結果から「時間経過に伴う鮮度劣化の程度」を定量的に予測します。

このシステムを用いた事業として，青果物の在庫管理システムの構築を目指しています。共働き世帯の増加や高齢化社会の進展に伴い，ネットスーパーや宅配サービスなど，食料を自宅に届けてもらうサービスが注目されています。その中で，「鮮度管理」が大きな課題となっています。

青果物の在庫管理は，古いものから順番に出庫する「先入れ先出し」が主流ですが，倉庫に届くまでの状態が悪ければ，鮮度の低いものが消費者に届けられてしまいます。Fresh Logi®システムを用いることで，輸送環境などの影響を考慮して，鮮度の低下が早いと予測されるものから順に出庫することができます。最適な在庫管理を行うことで，フードロスの削減にも貢献します。

(2) 工夫・苦労したポイント

品目ごとに，環境と鮮度を紐づける予測モデルを構築することは簡単ではありませんでした。「キュウリは10℃，ブロッコリーは0℃で保管するのがよい」というように，青果物は品目ごとに最適な環境が異なります。また，鮮度の評

価項目も「重量減少率，変色，軟化，匂い」などと多岐にわたります。データ収集をいかに効率的に行うかが，予測モデル構築の肝となりました。

図表8-28-1　輸送環境から，青果物の鮮度・品質を定量化するシステム

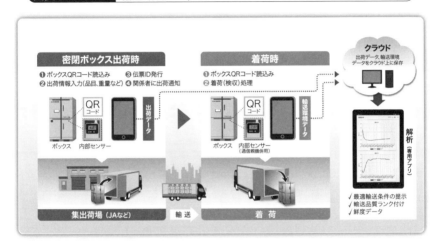

図表8-28-2　Fresh Logi®システム使用イメージ

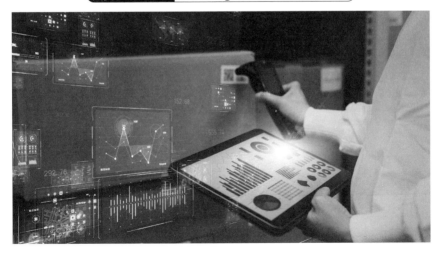

結びに代えて

●旭化成のDX

2020年4月，私は33年間勤務した日本IBMを離れ，旭化成に入社することを決めました。日本の製造業全体がデジタルトランスフォーメーション（DX）の波に乗り遅れているという深刻な危機感があったからです。特に素材産業において，ITの活用が十分ではないと感じており，大きな潜在的可能性と課題があると確信していました。

実は，私が旭化成に興味を持ったのは，偶然参加した日本橋のうなぎ屋での食事会がきっかけでした。そこで旭化成の元CTOである中尾正文氏からお誘いを受け，後日，日比谷での2時間にも及ぶ話し合いを経て，旭化成でのDXについて深く理解し，入社を決意しました。旭化成では，すでに2015年頃からマテリアルズ・インフォマティクス（MI）や製造系のIoTなど，デジタル技術を活用した取組みが進んでいましたが，それらの情報が社内で十分に共有されていないという問題がありました。

私が最初に取り組んだのは，この情報共有と発信の改善でした。そして，デジタル共創本部の設立を決定し，これを社内の様々なDXプロジェクトを統合するプラットフォームとして機能させることにしました。私たちが目指すのは，単にデジタル技術を導入するだけではなく，組織全体のデジタルマインドセットを醸成し，それをビジネスに活かす組織文化を確立することです。

本書の中でも度々説明してきた「4万人デジタル人材化」構想は，この組織文化の変革を体現しようとするものです。デジタル化のカギは，技術の導入だけでなく，それを活用する人材の育成にあるからです。従業員1人ひとりがデジタル技術の意義を理解し，日々の業務に活かすことが，真のDXなのです。

●デジタル共創本部の重要性

私が旭化成のDXを担当する立場に就いた際，最も重要だと感じたのは，社内のデジタル化推進を統一的に管理し，加速する仕組みを作ることでした。こ

れを実現するために，デジタル共創本部の設立が不可欠であると考えました。

　デジタル共創本部の設立は，単に新しい部署を作るということではありません。これは，旭化成全体のデジタル化推進のための中核組織として，各事業部や部門の取組みを統合し，全社的なデジタル変革の指揮を執るためのものです。この本部を通じて，私たちは組織全体におけるデジタル化の取組みを一層強化し，社内のデジタルスキルの向上と組織文化の変革を推進しています。

　DX戦略の推進において重要なのは，事業部門やデジタル系部門が密接に連携し，戦略への共通理解を深めることです。リレーションシップマネージャー制度は，この目的を達成するための重要なステップでした。これは，デジタル共創本部が事業部門にどのくらい貢献しているかを把握するための評価制度です。この制度を通じて，事業部門とデジタル系部門が互いに対等な立場で戦略を共有し，具体的なKPIを設定し，プロジェクトを進めることができるようになりました。本社スタッフ部門が事業部門に評価されるという点でも珍しい試みです。

　また，DXの成功は，全社員がデジタル化を自分事として受け止めることから始まります。DXオープンバッジプログラムをはじめとする自己研鑽の推奨は，従業員1人ひとりがデジタルスキルを身につける機会を提供しています。このプログラムは，国内だけでなくグローバルにも展開しており，多様な文化や環境の中で，社員がデジタル技術を理解し活用するための基盤を築いています。

●DX戦略の成果と今後の課題

　旭化成のDX戦略は，組織全体にわたる変革を実現し，すでに成果をもたらしています。その1つは，従業員のデジタル意識の向上です。デジタル共創本部の設立により，従業員1人ひとりがデジタル化の重要性を理解し，日々の業務に積極的に活用する文化を醸成しています。

　具体的には，工場のデジタル化（スマートファクトリー化）による生産効率の向上が挙げられます。実際に生産プロセスの効率化や品質の向上を実現しています。また，マテリアル・インフォマティクス（MI）の活用を通じて，研究開発プロセスがデータ駆動型にシフトしつつあります。これにより，新材料

の発見や開発の時間が大幅に短縮されています。

　これには旭化成Garageという新たな手法を用いたアジャイルな開発も寄与しています。また，この手法の特徴でもあるデザイン思考や顧客視点を徹底することは素材業界を大きく変革しうる可能性があります。こうした手法を通じて，従業員は新しいアイデアを自由に提案し，より迅速に試作や実証実験を行うことができるようになりました。旭化成は柔軟かつ効率的なイノベーションプロセスを実現し，市場の変化に迅速に対応する能力を高めています。

　しかし，DX戦略の推進には未解決の課題も存在します。特に，デジタル化への適応が遅れている部門や，既存のビジネスプロセスに固執するあまり変革に対して消極的な部門があります。これらの課題に対処するためには，組織文化のさらなる変革とデジタルスキルの向上が必要です。

　今後，旭化成はデジタル化の波にすべての部門が乗れるよう，教育と支援の強化に注力します。DXは単なる技術的な取組みにとどまらず，ビジネスモデルの変革と新しい価値創造の源泉です。私たちは持続可能な成長と社会への貢献を目指し，デジタル技術を活用して新たなビジネスチャンスを生み出すことを目指しています。

●まとめと展望

　この本を通じて，旭化成がDXを通じてどのように組織やビジネスモデルを変革し，未来を描こうとしているかをお伝えしてきました。私たちの取組みは，単に技術導入の話ではなく，グループミッション（「世界の人びとの"いのち"と"くらし"に貢献する」）やDXビジョン（「デジタルの力で境界を越えてつながり，"すこやかなくらし"と"笑顔のあふれる地球の未来"を共に創ります」）に基づき，組織全体のマインドセットを変革し，新しい価値を創造していくことに重点を置いています。旭化成のDX戦略は，企業だけでなく，日本の製造業全体，さらには社会のサステナビリティに対して貢献することを目指しているからです。

　DXビジョンにいう「デジタルの力で境界を越え」るというのは，何も社内組織の壁だけを指すものではありません。"すこやかなくらし"と"笑顔のあふれる地球の未来"を築き上げていくためには，事業部や事業会社の枠を超え

るだけでなく，企業の枠をも超えた連携が不可欠な場合もあるからです。例えば，カーボンフットプリントやサーキュラーエコノミーの取組みについては，多くの企業が関わっています。「BLUE Plastics」プロジェクトでは，プラスチックのリサイクルに関する勉強会や実証実験に90社以上の企業が参加しています。このような情報交換を通じて，新しい取組みが生まれつつあります。

　前述したMIの分野でも1社だけでデータを集めるのは非効率です。共通のデータベースを作り，企業間でのデータ交換を進めることが重要です。このときに，「秘密計算技術」を活用することで，データの共有を進めながら，オリジナルデータの秘密を保持することもできます。

　本書で紹介させていただいた私たちの取組みが，読者の皆さまにとって参考となることを願っています。そして，私たちのDXの取組みが，事業の発展につながるのみならず，社会全体にとっても重要な役割を果たすことができれば，望外の喜びです。

2024年3月

旭化成株式会社
取締役　兼　専務執行役員

久世 和資

【執筆者・協力者】

青木　久尚	青柳　岳司	阿部　誠之	荒木　祥文
石川　栄一	石倉　達朗	出羽　達也	井手上　尚弘
井出　陽一郎	内　幸彦	大川　紘平	大隈　友和
大塚　信好	岡本　雅	奥　武憲	柿本　茂文
笠井　健	北田　敏夫	久世　和資	河野　禎市郎
小金澤　晃	後藤　愼二	近藤　知宏	佐川　穰
佐仲　智和	佐野　和彦	下野　雅樹	嶋田　敬士
新屋　弘紀	菅田　顕	鈴木　岳	高橋　順一
高山　茂樹	田　吉尭	寺沢　仁志	寺田　秋夫
内藤　一也	中原　正大	中村　栄	中村　磨樹央
中山　雅彦	奈木野　豪秀	夏目　穣	二木　康裕
野口　豪之	原田　典明	番　幸裕	久村　謙太
藤田　泰宏	藤本　聡	前田　直樹	松永　宏治
松本　勧	光成　浩一	宮城　康史	森　晃一
森　次郎	柳下　清隆	山崎　力	山下　昌哉
山根　隆行	湯澤　良平	吉野　彰	渡辺　浩司

【編者】

旭化成株式会社　デジタル共創本部

旭化成グループの強みである多様性を活かしたビジネスモデルの変革・価値創造を
IT＆デジタルおよび共創により加速することを目的に設置された組織。

人・データ・組織風土で奏でる
旭化成のデジタル共創戦略

2024年4月10日　第1版第1刷発行

編　者	旭化成株式会社 デジタル共創本部
発行者	山　本　　　継
発行所	㈱中央経済社
発売元	㈱中央経済グループ パブリッシング

〒101-0051　東京都千代田区神田神保町1-35
電話　03 (3293) 3371 （編集代表）
　　　03 (3293) 3381 （営業代表）
https://www.chuokeizai.co.jp
印刷／昭和情報プロセス㈱
製本／㈲井上製本所

©2024
Printed in Japan